L'homme-Dieu et la culture africaine

Réflexion théologique
à partir d'éléments anthropologiques des Lyèlé
du Burkina Faso

André-Jules BASSONON

L'homme-Dieu et la culture africaine

Réflexion théologique à partir d'éléments anthropologiques des Lyələ du Burkina Faso

L'Harmattan

Collection « Afrique théologique et spirituelle »
dirigée par Blaise BAYILI

Notre collection est focalisée sur les dynamiques identitaires des recompositions religieuses contemporaines en Afrique et, plus particulièrement, sur les mobilisations religieuses dans la reconfiguration des espaces publics africains, sur la modernité religieuse à travers les phénomènes de diversification, de contextualisation, d'inculturation, de globalisation ou de subjectivation du religieux. En cela, elle vise les processus de diversification et de pluralisation religieuses autour de l'étude des formes contemporaines du religieux - notamment chrétiennes, musulmanes et traditionnelles - et des dimensions sociales et identitaires de ces recompositions et, également, de la transnationalisation du religieux africain.

© L'Harmattan, 2012
5-7, rue de l'École-Polytechnique ; 75005 Paris

http://www.librairieharmattan.com
diffusion.harmattan@wanadoo.fr
harmattan1@wanadoo.fr

ISBN : 978-2-296-96623-9
EAN : 9782296966239

Préface

S'il fallait déterminer un axe de lecture de ce livre que vous allez lire, je dirai volontiers qu'il est parcouru par la question à première vue bien simple : qu'est-ce que l'Homme ? En tant que reprise d'un travail académique, vous pourrez trouver des passages difficiles, mais découvrir une manière originale de mieux connaître la nature humaine pourra aider à tirer un grand profit de cette étude.

Pour les Occidentaux, j'allais dire : où est le problème ? L'Homme est l'union d'une âme et d'un corps. Et la mort en est la séparation qui cause la disparition du corps. Celui-ci, ayant perdu son principe actif, ne peut plus survivre. Sans doute, et l'auteur l'évoque, les philosophes athées, positivistes, renverseront le rapport en disant que l'Homme est un corps qui a une âme (principe de pensée), et non une âme qui a un corps, mais la problématique reste semblable.

La pensée chrétienne emboitera le pas. À la mort, le corps physique disparaît tandis que l'âme spirituelle, invisible, survit. Et ce sera à la fin du monde qu'elle retrouvera un corps transformé. Et c'est toute l'eschatologie chrétienne qui fonctionne à partir de cette dualité âme/corps.

Tout cela est évoqué à travers le livre, mais il est important de savoir que l'auteur est africain. Si l'on avait pensé très longtemps, et même dans la « mission catholique » en Afrique, que pour l'humanité entière, l'Homme était composé d'une âme et d'un corps, le lecteur gréco-romain est invité à découvrir une autre conception de la notion de personne humaine, qui est comprise comme constituée d'une multiplicité de principes. C'est là le premier apport de ce livre. Et vous verrez que la compréhension de l'Homme est fortement marquée par les différents aspects du corps, tant dans son unité interne que dans sa mise en relation avec le cosmos et avec les autres humains.

Vous découvrirez ainsi les différentes compositions constitutives de la compréhension de l'Homme, à travers l'anthropologie des Lyɜlɔ, l'ethnie de l'auteur. Il montre comment la notion de « cavité ou d'ouverture » est le point de départ de cette anthropologie, qui permet ainsi de mettre le corps au centre de la conception de l'Homme, dans ses dimensions tant physiques que spirituelles, manifestées à travers les diverses « cavités » ou « ouvertures » qui se trouvent dans le corps de l'Homme.

Cette première vision, non seulement brise une conception manichéenne de la compréhension de la nature humaine, mais permet l'entrée dans un autre type de philosophie cosmique. C'est ainsi qu'on peut comprendre par exemple la sorcellerie. Si vous avez plusieurs éléments constitutifs de votre corps, on peut comprendre que tout en restant dans votre lit, l'un d'entre eux peut aller ensorceler un neveu qui habite loin de chez vous.

Nous sommes ainsi invités à sortir de l'anthropologie gréco-romaine pour entrer dans une autre vision de l'humanité qui met l'accent sur une compréhension autre de la vie et, par voie de conséquence, de la mort. Tout en évoquant toutes les différences mises en évidence à travers l'histoire de la philosophie, l'auteur ouvre à un nouvel espace d'appréhension de l'Homme qui donne à penser autrement et l'existence humaine et son sens.

Le lecteur est ainsi invité à voir que les cultures sont différentes et mettent l'accent sur des aspects autres de la vie. Ceci est tout aussi valable pour le monde asiatique et les autres régions du monde. Ce livre invite ainsi à relativiser sa propre culture et à s'enrichir du système de pensée des autres, ce qui constitue déjà un acquis fort appréciable dans la recherche aujourd'hui. Et cette première clé de lecture de cet ouvrage constitue déjà, à elle seule, un intérêt certain pour parcourir le livre.

Mais il se trouve que l'auteur n'est pas simplement un anthropologue africain, mais également un prêtre théologien chrétien africain. Et c'est dans cette perspective que son travail offre un second grand intérêt.

En effet, l'expression de la foi de l'Église catholique s'est structurée à partir du monde gréco-romain et a été ainsi exportée à travers le monde sans tenir compte des réalités culturelles déjà présentes. Ceci est particulièrement vrai pour l'Afrique, jadis considérée comme sans culture, sans civilisation...

Or, depuis une cinquantaine d'année, et surtout aujourd'hui, les Églises africaines sont invitées à « inculturer » l'expression du mystère chrétien. Et c'est dans cette perspective qu'il faut aussi lire ce livre.

On voit ainsi comment cette anthropologie africaine très fortement appuyée sur le corps conduit A.-J. Bassonon à s'interroger sur Jésus en tant que tel mais plus particulièrement sur son corps et à déceler des dimensions auxquelles nous ne sommes pas obligatoirement sensibles dans l'anthropologie classique. En effet, Dieu-Fils, dans son incarnation, n'a pas été insensible au corps de ses contemporains. Il n'a pas simplement parlé de son Père, mais a montré que son propre corps faisait partie intégrante de la révélation, ainsi que le corps des hommes qu'il a délivré de toutes sortes de maux. Et ceci est déjà tout un message. On voit ainsi comment l'auteur montre comment l'homme Jésus peut aider à comprendre l'Homme africain, soit en montrant comment l'anthropologie africaine donne des éléments constitutifs de la foi chrétienne ou au contraire, comment la conception traditionnelle de l'individu demande à être convertie par l'homme Jésus.

Et je ne puis que souligner comment l'auteur montre avec beaucoup de bonheur, à travers cette notion fondamentale de corps, comment il est possible d'exprimer les autres usages du corps du Christ qui se font à travers le pain eucharistique et l'Église, appelés eux aussi « corps du Christ », ainsi que les sacrements, notamment celui consacré aux malades, qui, d'une manière ou d'une autre, touchent au corps de l'Homme.

Il était aussi difficile de ne pas confronter la conception du devenir du corps après la mort, question qui permet de préciser le devenir des hommes et des femmes, lieu de transformation du village des ancêtres par la révélation de la résurrection chrétienne.

Plus « théologiquement », la piste de l'inculturation ouvre à l'interrogation sur la manière dont il faut penser Jésus incarné. Traditionnellement, Jésus, est compris dogmatiquement comme une personne en deux natures. L'anthropologie développée par A.-J. Bassonon fait comprendre que cette définition ne dit rien dans une culture africaine. Il invite ainsi à ouvrir ce chantier fondamental pour la compréhension du mystère de l'incarnation sur la manière dont on pourrait exprimer la personne de Jésus comme homme et Dieu.

Si, pour les chrétiens, il ne s'agit pas de rejeter les dogmes qui ont été constitués par les conciles avec des concepts gréco-romains, il n'en reste pas moins que rien n'empêche qu'ils soient ré-exprimés dans d'autres systèmes de langage. Et le défi est de taille, car il ne servirait à rien que de répéter des dogmes sur la personne de Jésus si des auditeurs ne peuvent pas vraiment les comprendre.

Et l'on peut percevoir, au terme du livre, que si le chemin d'inculturation pour les Églises africaines peut rendre de grands services pour mieux comprendre les dogmes christologiques, il en va de même pour chercher une expression de la foi trinitaire pensée aussi traditionnellement en termes de nature et de personne.

Si donc la conception africaine de l'Homme exprimée dans ce livre peut parfois dérouter le lecteur occidental de cet ouvrage, les perspectives d'inculturation théologique risquent plus encore de questionner le chrétien sur sa foi. Simplement, on peut se référer aux recommandations vives de Jean-Paul II et à celles de Benoit XVI qui invitent l'Église d'Afrique à inculturer, autrement dit à exprimer le mystère de la foi dans les symboliques locales. Non pas que les cultures africaines seraient plus adéquates pour dire les dogmes chrétiens, - elles ont aussi à se convertir-, mais il ne fait aucun doute que le travail d'inculturation des théologiens africains, tout comme d'ailleurs ceux des autres continents, ne peut que contribuer à une meilleure réception de la révélation chrétienne. Et inutile de dire que dans cette époque de mondialisation, il est de plus en plus vital pour une religion que d'être comprise le mieux possible par ses membres.

Puisse ce livre, édité à l'occasion du centenaire (1912-2012) de la création de la paroisse de Réo, au Burkina, lieu d'origine de l'auteur, donner à tous les lecteurs et toutes les lectrices, de quelque origine qu'ils soient, l'occasion de découvrir ce champ d'investigation qu'est l'inculturation. Même si vous ne connaissez pas la langue *lyèlé*, vous y trouverez beaucoup d'intérêt.

René TABARD
Institut Catholique de Paris

Introduction

Dieu a créé l'Homme comme *être vivant* et l'invite à *vivre de sa Vie* divine révélée en Jésus-Christ, son Verbe devenu chair (*Kai ho logos sarx egeneto* : Jn 1,14). Sens de la vie et de la mort, corps de Jésus comme compréhension de sa divinité, corps du Christ dans l'Eucharistie, sacrement des malades, relations interpersonnelles conjugales et sociales, rapport de l'Homme à Dieu, l'effort d'inculturation comme proposition de nouveaux concepts sont autant de *lieux théologiques* essentiels, où la conception anthropologique du corps et de la vie, comme expressions de l'être humain, est fondamentale. Or notre Tradition chrétienne nous renvoie aux conceptions anthropologiques notamment grecques de l'Homme, qui semblent loin de celles des cultures africaines en général et de la culture *lyɔ̀l* en particulier.

Les *Lyɔ̀lɔ́* ou *Nunə* du Nord, dont il est question ici, sont du groupe linguistique appelé communément *gurunsi*[1]. Ils vivent dans la Province du Sanguié, région du centre- ouest, au Burkina Faso, ancienne Haute-Volta, pays sahélien de l'Afrique de l'Ouest. Le système familial est patrilinéaire (le père est l'Aïeul et non la mère, les enfants portant son nom), à résidence patrilocale (l'enfant habite chez son père) et virilocale (la femme rejoint le mari). La grande majorité de la population est rurale. Elle vit principalement d'agriculture et d'élevage. L'Homme *lyɔ̀l traditionnel* ne vit pas isolé

---

[1] Le terme « gurunsi » comporte une certaine connotation péjorative.

de l'ensemble du monde qui l'entoure ; il se montre ouvert, sensible et parfois même perméable à la nouveauté, à l'altérité de ce monde contemporain. En même temps, cet Homme traditionnel reste attaché au *fondamental*, dont tout dépend, lequel est constitué essentiellement du culturel et du religieux, plus exactement d'un culturel religieux ou d'un religieux culturel. Ce fond basique, lieu de son existence quotidienne, est caractérisé par la *pluralité* des éléments socioculturels religieux, d'importance hiérarchisée, mais cohérents entre eux comme dans un système. La *vie* semble être la donnée *essentielle* de base, comme *axe* d'unité et de compréhension de ces éléments. Mais alors, comment l'Homme traditionnel conçoit-il la vie (*nyŭ*) ? Quelle vision a-t-il de l'Homme (*numbyíní*) vivant ? Ces questions s'ouvrent sur le mystère même de Dieu (*Yi*). Il s'agit de vérifier qu'en milieu traditionnel la vie, l'existence de l'Homme, est *biocentrique* : la vie est au centre de tout et tout tourne autour d'elle.

Voilà pourquoi il s'agit ici de rechercher une certaine compréhension de l'être humain *lyəl*, en vue d'en montrer quelques conséquences se présentant comme déterminantes, si l'on veut élaborer une théologie inculturée. L'Homme traditionnel, par ce qu'il dit et fait, *se dit* lui-même et dit *plus* que lui-même. Homme d'oraliture, sa parole est souvent *imagée*, écrite dans des médiations langagières de communication. À travers *quelques* chiffres, proverbes, prénoms, noms théophores, rites (surtout un aspect du *da yi*, autel familial ou substitut du père défunt), et études de mots-clés, je tenterai une *lecture anthropologique*, pour approcher, autant que faire se peut, le mystère de l'être humain et de sa vie, en étant conscient des limites du cadre restreint choisi. De cette étude anthropologique, seulement quelques idées-forces seront retenues pour la réflexion théologique. À ce niveau d'interprétation des données, il est important de souligner la difficulté réelle d'une bonne traduction bien rendue : le transfert du sens est quelques fois approximatif, tant le sens fait corps avec le corps langagier et culturel qui le porte. Précisions, nuances et subtilités échappent parfois. Le recours à l'explication ne sera pas de trop, en particulier pour les idiotismes.

Notre travail comportera quatre (4) parties : l'être humain y sera envisagé comme être *corporel*, constitué principalement, au niveau anatomique, de « *bɔ̀là* », c'est-à-dire, de « cavités » ou d'« ouvertures » (I), symboles d'unité de vie interne, caractérisant le corps comme *corps-unité* désignant la totalité de l'Homme (II). Ce corps, c'est-à-dire, l'être humain, connaît la finitude et le péché ; son salut ou, dans une certaine mesure, son r*emède* (*cɔ́m*), c'est Jésus-Christ (III). Ce salut que lui apporte le Christ lui donne de passer de cette vie biocentriste, où le réflexe est de survivre, à une Vie pleine en Lui, dès ici-bas et bien plus après la mort, autrement dit, de « passer » (verbe pascal) du *bios* au *zôè* en Jésus-Christ (IV). Par-delà les titres des différentes parties de ce travail de recherche, le souci de cette réflexion, bien que modeste, est avant tout d'ordre *théologique* : se laisser interroger, comme croyant chrétien, par l'expérience culturelle et religieuse des Lyɔ̀lɔ́, particulièrement mais non de façon exclusive, pour construire une christologie où la *personne du Christ* est sans cesse mise en relief, parce que *Centre* de la vie de l'Homme – individu ou communauté.

Chapitre 1
L'Homme, un être de cavités ou d'ouvertures (bɔ̀là)

L'objectif poursuivi dans cette première partie est de dégager, à partir de la conception du corps en milieu rationnel, quatre aspects, qui paraissent majeurs, de l'anthropologie *lyǝ̃l* pour une réflexion théologique. Pour ce faire, il est fait appel à la numérologie traditionnelle des *Lyǝ̀lǝ́* en abordant les chiffres trois (3) et quatre (4) et en osant proposer une interprétation qui débouche sur un point de vue anthropologique. Celui-ci sera enrichi tout au long du travail théologique. De toute façon, *in fine*, l'anthropologico- théologique, abordé dans ce travail, restera ouvert à la recherche pour un ajustement et/ou un approfondissement.

1.1. Les chiffres trois (3) et quatre (4)

Dans le langage courant, le *Lyǝ̃l* parle souvent de « bɛlɛ » pour désigner la masculinité et de « kɛnɛ » pour caractériser la féminité. Les Anciens (*Dabá*) ont affecté le chiffre trois (3) à l'homme (*bal* : *vir / anèr*) et le quatre (4) à la femme (*kẽ* : *mulier / gunè*). Autrement dit, il y a le chiffre masculin (*bɛlɛ yó*) et le chiffre féminin (*kɛnɛ yó*). Trois (3) et quatre (4) entrent dans une structuration générale du monde *lyǝ̃l* (ou *nun*) en masculin et féminin et marquent donc la vie familiale et sociale. À titre d'exemples : il y a des instruments masculins ou féminins (tams-tams, flûtes). À propos du rite du « puisage d'eau » (*nẽ tɔ́*) Jules Ndo écrit : « Après la naissance de l'enfant, la mère, selon la coutume, demeure en chambre pendant quatre jours. Le quatrième jour, elle va chercher de l'eau au puits. Elle accomplit ce rite quatre fois si l'enfant est une fille et trois fois si c'est un garçon[2] ». À la suite d'un décès, la levée du deuil, avec son rite de rasage de la tête (*yó fɔ̃nɛ́*), s'effectue le troisième jour quand il s'agit d'un défunt et le quatrième jour quand c'est une défunte. De nos jours, pour des raisons de moyens financiers et de disponibilité des fonctionnaires, le nombre de jours pour fixer la levée de deuil peut varier. Dans le *Lyòló* (pays des Lyɛ̀lɔ́), le marché (*ya*) est comme « masculinisé » : il a lieu tous les trois jours dans les villages ou dans les quartiers relativement grands. À Réo, si le jour de marché tombe un Dimanche, c'est le « 21 » : grand marché, retrouvailles et manifestations. Mais pourquoi les chiffres 3 et 4 ont-ils été retenus pour symboliser respectivement l'homme ou la femme et non pas 1 et 2 ou 5 et 6 ou autres ? Parce que, ose confier à voix basse une femme âgée, après un long silence d'hésitation, car pudique et respectueuse de l'éducation reçue elle se demandait s'il fallait le dire ou non : « *Bal wɔ́ bɔ̀là bɛ̀tɔ̀, kɛ̃ wɔ́ bɔ̀là bɛ̀na* », ce qui se traduit littéralement : « L'homme, c'est trois cavités (anatomiques), la femme, c'est quatre cavités (anatomiques) ». La recherche réserve parfois des surprises. Cette réponse inattendue et originale a influé sur l'orientation de la présente réflexion. Mais de quelles cavités anatomiques s'agit-il ?

---

[2] NDO Jules, *L'hospitalité chez les Lyéla à la lumière de l'Évangile. Pour une pastorale aujourd'hui*, Abidjan, Juin 1988, p.15.

1.2. Le corps plein de cavités ou d'ouvertures (*yala bɔ̀là*)

Le mot « bɔ̀l » (pluriel : *bɔ̀là*), riche en sens, signifie trou, orifice, cavité, ouverture, conduit, creux, enceinte, avec un accès et une issue, distincts ou non. *Bɔ̀l* connote aussi le sens d'espace, de place ou de temps, il est « espace-temps » : « *bɔ̀l k'ê tènê (yé)* » : « il n'y a plus de place », c'est plein, tout est occupé ; « *lùr rɔ̀tɔ̌ bɔl w(a)* » : « vers trois (3) heures ». *Bɔ̀l* désigne également la tombe : « *cùù càn ò bɔ̀l wa* » : littéralement, « le cadavre est bien dans sa tombe » : celle-ci est sa demeure normale, il n'est pas bon de laisser le corps se décomposer en dehors de la tombe. Le *lú-bɔ̀l* est la tombe funéraire. Par contre, « bɔ̀là » (pluriel : *bɔ̀lsɛ*) est une outre ou une gibecière en peau (là aussi, il y a l'idée de « creux »). Les trois cavités anatomiques chez l'homme que symbolise son chiffre masculin « trois » (3) sont la bouche, l'orifice anal et l'urètre ; l'organe de reproduction constitue la quatrième cavité anatomique chez la femme, d'où son chiffre féminin « quatre » (4).

Le « nyí », la bouche[3], est un *bɔ̀l* particulier. Il se présente comme un *ensemble* uni, où chaque partie a sa place et son rôle ; il comprend : la cavité buccale proprement dite, la langue, les dents, les glandes salivaires, les mâchoires, les lèvres, les joues (*mɔ̀kùlɔ́*), même la barbe (pour les hommes). Il permet à l'être humain de *se nourrir* : manger, boire, inspirer de l'air oxygéné si le nez est bouché ou si l'effort fourni est important. Par le *nyí*, le corps *rejette*, par réflexe, ce qui lui est *nocif*, tels que le contenu gastrique par vomissements précédés de nausées, mais aussi les crachats, le dioxyde de carbone (gaz carbonique : CO_2) et autres. En cela, le *nyí*

---

[3] Pour la description et le fonctionnement des « bɔ̀là », il est fait appel également à la science anatomique (et physiologique).

protège l'organisme contre les substances toxiques. Il intervient en particulier dans le domaine de la communication : il est l'instrument privilégié de la parole, faisant de l'Homme un être *parlant* et relationnel. En outre, le *nyí* participe à la *mimique* faciale non verbale : tordre la bouche (*e tùr nyí*) ou avoir le sourire aux lèvres est assez significatif des sentiments humains.

Si la bouche est au départ du tube digestif, au terminus se situe l'orifice anal. En tant que *bɔ̀l* supérieur et *bɔ̀l* inférieur, ils sont les extrêmes d'un archipel de *bɔ̀là*, raccordés les uns aux autres, entretenant entre eux une corrélation fonctionnelle, pour former, en définitive, un seul et unique tube ou conduit (*bɔ̀l*). En fin de processus de digestion, les nutriments du chyme sont absorbés par les parois de l'intestin et passent dans le sang pour *nourrir* tous les tissus de l'organisme. Une grande partie de l'eau des matières non digérées est réabsorbée vers la circulation sanguine. Le reste, c'est-à-dire les selles ou matières fécales ou fèces, est stocké dans le rectum, en attendant son élimination ou *défécation*. Ainsi, le rôle principal de l'orifice anal est d'évacuer de l'organisme tout ce qui peut porter atteinte à la santé : les gaz nauséabonds (rendre les gaz) et les déchets, matières non digérées ou indésirables, d'autant plus que celles-ci peuvent être des vecteurs de maladies. Aussi sert-il de voie médicale, par exemple dans l'utilisation de suppositoires. En revanche, les lavements sont de moins en moins pratiqués en milieu traditionnel, suite à la forte sensibilisation et à la prise de conscience des inconvénients qu'ils provoquent.

L'urine, « *shĩ* » (pluriel : *shɔ̃ɔ̃*), secrétée par les reins, passe par les uretères (droit et gauche) puis est stockée dans la vessie (*shĩ kwèlè*), organe creux, en forme de poche, musculaire et extensible. La vessie se vide par l'urètre (*shĩ-bɔ̀lé* ou *shĩ-gwàlà*. L'urine (*shĩ*) se compose surtout d'eau (95 % environ), mais aussi de sodium (d'où son goût salé), de créatinine, d'acide urique, d'ammoniac et notamment d'urée et de chlorure. Ces deux derniers sont bien *toxiques* pour l'organisme. L'analyse du *shĩ* en laboratoire permet de déceler la présence anormale de certaines substances (sang, sucre, protéine, etc.) et donc de passer aux soins et suivis médicaux. Le changement de couleur de l'urine est fréquent sans être forcément pathologique. Certaines maladies peuvent s'accompagner de changement de couleur de l'urine : *rouge* (hématurie) s'il y a du sang, *foncé* s'il y a un ictère. L'arrêt total de production du *shĩ* (anurie), sa diminution importante (oligurie) ou son débit exagéré (polyurie) sont des indices de dysfonctionnement. Chez l'enfant ou la personne âgée on peut observer un phénomène d'énurésie (incontinence urinaire). Le *shĩ*, l'urine, est une bonne jauge de santé. Quand il y a des problèmes d'écoulement du *shĩ*, l'urètre (*shĩ-gwàlà*) permet l'introduction d'une sonde urinaire.

Chez l'homme, l'urètre (*shĩ-bɔ̀lέ*) est en même temps le conduit (*bɔ̀l*) de l' « eau » séminale, l'eau étant symbole de vie. Sous la métaphore de l'urètre (*shĩ-bɔ̀lέ*) masculin, se cache l'homme semeur de vie et la femme est alors celle qui accueille et développe la graine de vie, tout en y apportant sa contribution génétique complémentaire. La femme (*kê*) est perçue fondamentalement comme l'être de procréation. Pour l'Homme traditionnel, elle est femme pour être *mère*. En milieu traditionnel, être « kə-eju », femme stérile, est grande honte (*cìzhìl*) et profonde frustration pour la femme elle-même.

D'autres *bɔ̀là* (cavités, conduits) jouent un rôle important dans le corps humain :

1. Le « myɔ̌l », le nez, et ses « myè-bɔ̀là » (fosses nasales) sont la voie habituelle des « shíshìrhɔ́ », la respiration (inspiration et expiration). Le *myɔ̌l* (nez) est le premier d'une série de *bɔ̀là* dont est

composé l'appareil respiratoire : il permet aux deux poumons d'inspirer l'*air oxygéné*, ainsi que d'expirer et d'expulser le *dioxyde de carbone* (CO_2), *dangereux* pour l'organisme. Sans oxygène, l'Homme ne peut vivre, à tel point que le *myə̌l* (nez) est symbole de la vie, vie biologique (« *nyŭ* » se référant aussi à la vie spirituelle), et l'arrêt prolongé de la respiration ou souffle (*shíshìrhə́*) entraîne la mort (*cu*). D'où l'importance du lien entre le *myə̌l* (nez) et le *nyí* (bouche) pour assurer coûte que coûte cette nécessité d'oxygénation : quand le *myə̌l* est en peine ou en panne, le *nyí* prend le relais. Histoire de bon voisinage ! La longévité (*myè-də̀lə̀* : nez long) est l'un des meilleurs souhaits le plus souvent formulé : « *Yi m'a pə́ myè-də̀lə̀* ! » : « Que Dieu te donne longue vie ! »

2. Le « *shíshìrhú* », cœur, est un organe creux (*bə̀là*) et musculaire. Il bat plus de 100 000 fois en 24 heures et pompe environ 8 000 litres de sang riche en oxygène et en nutriments pour *nourrir* tous les tissus de l'organisme. Notons la parenté étymologique des deux mots : *shíshìrhú* (cœur) et *shíshìrhə́* (respiration, souffle). Si le *shíshìrhú* (cœur) arrête de battre, les *shíshìrhə́* (respiration) s'interrompent et tout s'arrête. Son fonctionnement est vital.

3. La transpiration s'effectue par ces cavités infimes que sont les *pores*, par milliers à la surface de la peau. Les « *cícírhə́* » (terme toujours au pluriel), ou sueur, participent à la régulation de la *température* du corps pour la maintenir à 37 °C : la sueur augmente avec la température et diminue quand la température baisse. Evacués par les pores, les *cícírhə́* (sueur) *rafraîchissent* en surface la peau et l'empêchent de la sorte d'être surchauffée.

4. Nous pouvons citer aussi : le « yó-kóló », crâne ou boîte crânienne, riche en *bɔ̀là* (trou occipital, voûte crânienne, plancher, cavités orbitaires…) ; la *colonne vertébrale,* comme un tuyau long et double (un tuyau plein et un tuyau creux) ; la *cage thoracique* (*nɜ̀bán, wɜ̌r*), une grande enceinte ; les *os* (*kúr* ; singulier : *kû*), creux en leur centre. Et bien d'autres *bɔ̀là,* cavités ou ouvertures.

Malgré ses apparences consistantes, physiques, charnelles, le corps est essentiellement constitué de *bɔ̀là,* d'ouvertures, de toutes dimensions, autant macroscopiques que microscopiques. Par conséquent, l'être humain peut être défini aussi comme un être de *bɔ̀là,* de *cavités,* mieux d'*ouvertures* (*bɔ̀l,* ouverture, dit aussi la relation). Et la « bolalogie » (néologisme, du *lyélé* « bɔ̀là » : cavités ou ouvertures anatomiques ; et du grec « logos » : parole, discours) serait l'étude et l'interprétation des *bɔ̀là,* sous des approches diverses. Elle permet d'aller au-delà du pur et simple biologique, surtout anatomique et physiologique. La *bolalogie* est comme une structure vitale en creux de la plénitude, comme l'est le fini (finitude) vis-à-vis de l'infini.

1.3. La profondeur anthropologique des *bɔ̀là*

Cette description ou étude bolalogique, certes très limitée et rapide, révèle que les *bɔ̀là,* ne sont pas des cavités sémantiquement vides mais bien pleins de sens, en excès de sens même. Ils ne se bornent pas à être uniquement des conduits, des vecteurs d'aliments, de boissons, d'air oxygéné, de sang, de moelle, de nerfs, de liquide séminal, d'urines, de gaz toxiques, de matières fécales, etc. En exerçant ce rôle véhiculaire nécessaire pour la vie de tout le corps, ces ouvertures muettes parlent, à leurs manières, de l'être humain. Leur silence est loquace et éloquent. En effet, dans le secret, elles travaillent en tandem, souvent de façon invisible et inaudible, mais combien efficiente et efficace. Pas question de 35 heures de travail mais 24 heures sur 24, ou de saison sèche à n'avoir rien à faire ! Pour livrer leur message, les *bɔlà* sollicitent, pour autant que faire se peut, une herméneutique anthropologique, à partir de leur nature ainsi que de leurs places et fonctions. Mais comment peut-on les interpréter ? Pour la présente réflexion théologique, *quatre idées-forces* de cette anthropologie traditionnelle sont repérées et retenues. La cinquième, à savoir l'Homme dans son environnement, sera évoquée brièvement à titre d'information malgré son importance, comme partie intégrante de la synthèse bolalogique. Car, elle peut, à elle seule, constituer une piste de recherche théologique. En effet, qu'est-ce que l'Homme sans son environnement ?

1. Les éléments ou parties d'un corps forment un tout, constituent un seul corps. Et dans ce *corps-unité*, chaque membre a sa place qu'il doit tenir et son rôle qu'il doit jouer, pour faire du corps un *organisme*, c'est-à-dire un tout organisé ou structuré, vivant et vivifiant. Les *bɔlà* sont différents les uns des autres, chacun dans sa spécificité ou spécialité, mais tous, par leur fonctionnement magnifiquement coordonné, concourent au bien-être du corps. Si l'un d'eux fonctionne mal ou arrête de fonctionner, le corps vit un mal-être, un inconfort et peut courir le risque du péril. Ainsi, les *bɔlà* témoignent que l'Homme est à concevoir comme un *tout*, non pas que l'Homme se suffise à lui-même, mais qu'il est une intégralité indivisible et irréductible en ses multiples dimensions (humaine, sociale, politique, économique, culturelle, spirituelle, etc.). Toucher à l'une, c'est toucher à l'autre, et, en ultime instance, c'est toucher à

l'être-même de l'Homme. Tout s'y tient comme dans un système cohérent. Et l'Homme a besoin de toute cette pluridimensionnalité pour bien vivre. Sans cette unité dans la diversité – privé ou amputé d'une de ses composantes –, l'être humain aura de la peine à se réaliser et peut-être même ne pourra se réaliser.

2. Les *bɔ̀là* sont des éléments *humains*, une partie de l'Homme qui s'offre comme une *possibilité* de comprendre, jusqu'à une certaine mesure, le mystère inépuisable de l'être humain qui résiste à se laisser enfermer dans des concepts, si logiques et rationnels soient-ils. La *profondeur* des cavités anthropologiques est entendue comme ce qui témoigne de la réalité inépuisable du mystère de l'être humain, lequel se donne toujours à penser sans que jamais la pensée ne puisse la saisir comme proie. Le *bɔ̀l,* ouverture, manifeste, sinon la transcendance transbiologique, du moins la présence insaisissable de cette énigme qu'est l'Homme. Le sens anthropologique déborde abondamment du *bɔ̀l*. Qui dit *cavité* dit *ouverture*, et le *bɔ̀l* dit les deux. L'Homme peut être appréhendé non comme un *bɔ̀l* monadique, clos, une « cavité » fermée ou bouchée, inaccessible et isolée, mais comme une *totalité ouverte* qui donne et reçoit dans une communication. Qui dit *bɔ̀l* ou *bɔ̀là* dit communication, dialogue, échange, interrelation. L'Homme est ce *bɔ̀l-ouverture* qui le conduit à vivre une expérience de relation et de communication avec lui-même et autrui, avec le monde, les ancêtres, les esprits et Dieu. Les *bɔ̀là* de l'Homme le révèlent à lui-même et, ce faisant, lui révèlent l'*autre bɔ̀l*, l'autre *ouverture :* autrui, le semblable et le Tout Autre dont il dépend. À ce niveau, la cavité ou l'ouverture (*bɔ̀l*) biologique devient *métaphorique*, symbolique : sa profondeur sémantique et anthropologique se situe au-delà de lui-même : ce qui se donne à voir donne autre chose à voir, et le regard se perd, à un moment donné et malgré lui, dans la nuit du *Bɔ̀l* mystérieux : l'Homme, qui lui-même renvoie à son Créateur.

3. Savoir *choisir* (*e lwar cír*). Tout n'est pas bon pour l'Homme. Dans notre brève étude bolalogique, est mis en évidence le comportement *sélectif* de l'organisme, pour tout ce qui concerne la santé, le maintien, la croissance et la transmission de la vie : par *réflexe* et en situation normale, il sélectionne ce qui est bon pour s'en nourrir (nutriments, oxygène…) et expulse de lui ce qui lui est nocif, toxique ou indésirable (selles, urines, CO_2, …). Par réflexe également, il régule les équilibres intérieurs, et certains de ses systèmes, comme le nez, empêchent des particules dangereuses de l'atteindre (poussière, saletés …). L'organisme est donc doté de moyens de prévention, d'autodéfense et de protection. En bien des domaines et circonstances, les réflexes de l'Homme lui *sauvent la vie*, la sienne ou celle d'autrui.

Mais l'Homme, en tant que personne, est doué de *liberté* (*cìn cìnû*). Alors, des questions fondamentales surgissent : quels choix fait-il pour lui-même, les siens et la société ? Le choix qu'il fait est-il bon pour lui-même et/ou pour les autres ? Son corps est là comme pour lui rappeler inlassablement qu'il lui faudrait privilégier toujours le choix de la vie, le choix *pour* la vie. Sa liberté devrait s'orienter spontanément, et comme naturellement, vers une culture de *vie* et non de mort. Le corps se comporte comme un pédagogue expérimenté et habitué à donner le premier le bon exemple. Le corps *parle* et son message se veut clair : « Choisis le bien et la *vie*, rejette le mal et la mort ». Les *bɔ̀là*, eux, l'ont bien compris et ont préféré le bon choix en bons disciples de leur maître, le corps. C'est dire que réflexe et liberté ne sont pas op-posés (*ob ponere*) mais peuvent et doivent com-poser (*cum ponere*) en ce sens qu'ils sont con-joints (*cum jungere*), tels un masculin et un féminin en couple, pour gérer ensemble la santé, la vie et la destinée de l'être humain. En empruntant l'image des *shíshìrhə́* (respiration), il n'y a pas d'expiration sans inspiration au préalable, car il faut de l'air à expirer, et l'inspiration suppose l'expiration, sinon le gaz carbonique va nuire à la santé du corps. Tous deux, réflexe et liberté sont, originairement, *co-donnés* par le Créateur pour le bien et la vie de l'Homme.

4. L'être humain, dès déjà sa conception, est *formaté* masculin ou féminin. Il naît *bal* (homme, *vir*) ou *kẽ* (femme, *mulier*) : « Un être humain en soi n'existe pas en dehors de la condition sexuée[4] ». Cette différence sexuelle est d'une importance capitale. Elle est à vivre avant tout comme *service* de la *vie* et du prochain ; elle se présente en définitive comme une *vocation* et une *mission* inscrites dans la chair du corps, en instance de réalisation.

5. Cette cinquième idée-force, à l'exception de quelques-uns de ses aspects, n'est pas retenue pour la réflexion théologique, alors qu'elle le mériterait. Dans les *bɔ̀là*, circulent aliments, air, eau et chaleur, pour la vie et la sauvegarde de la santé du corps. L'Homme a besoin de sels minéraux, majeurs ou en oligo-éléments, les mêmes que ceux des roches de la terre (calcium, phosphate, sodium, potassium, magnésium, fer, iode, cuivre, fluor, chlore, zinc, manganèse, etc.), apportés par l'alimentation et les eaux de boisson, d'où son rapport au minéral. Aussi mange-t-il de l'animal et du végétal. Somme toute, l'Homme vit de son environnement naturel et, dans une certaine mesure, fait *corps* avec ce milieu de vie ; il est

---

[4] ANATRELLA Tony, « Accepter la différence », *in* Communio Tome XXXI, 5-6 n°187-188, Septembre-Décembre 2006, *La différence sexuelle*, p.62.

créature dans la création. Les *bɔlà* mettent l'être humain en rapport avec son environnement, surtout en relation avec les quatre éléments fondamentaux de la nature, qui ont une importance pour tous les humains en général, mais plus singulièrement pour l'Homme traditionnel. Ce sont : « cɛ », la terre ; « zho », l'air ; « nɛ̌ », l'eau ; « myĭn », le feu. « Ces éléments, note Pierre Diarra, sont présents dans la vision du monde des peuples, dans les célébrations, les rites de passage, avec éventuellement une place prépondérante accordée à l'un d'entre eux[5] ». C'était la « Théorie des quatre éléments » considérés par les Anciens (Grecs et Latins) comme la composition ultime de la matière.

Les quatre idées-forces (*zɔ̃-cã*) retenues comme *topoi* (*jààsɛ*) de réflexion théologique peuvent être formulées ainsi, sans ordre de priorité car elles entretiennent entre elles des rapports étroits et seront prises en compte tout au long de la présente réflexion :

1. Un corps-unité, qui dit la totalité irréductible de l'être humain (*numbyínĭ*) ;

2. Un corps *bɔl-ouverture*, lieu de la relation, de la communication, de la parole ;

3. Un corps vivant ou un corps de vie, serviteur de la vie ;

4. Un corps formaté trois (3) ou quatre (4), c'est-à-dire masculin ou féminin, dont la différence sexuelle appelle l'union ou l'unité androgynique, sur le plan conjugal et social.

---

[5] DIARRA Pierre, « Eau, air, terre, feu... D'une anthropologie à une quête de justice », *in Mission de l'Église*, n°157, Octobre-Novembre-Décembre 2007, p.21.

Chapitre 2
Le corps-unité, totalité de l'Homme

Il ne s'agit pas ici, il faut le rappeler, d'une totalité qui rendrait l'Homme autosuffisant, qui ferait de lui un être qui est tout, qui a tout, qui peut tout, qui n'a besoin de personne. Derrière le corps-unité – se rapporter à ce qui a été déjà dit – se trouve cachée l'unité irréductible de l'être humain (« *Numbyíní wɔ́ kɔn rɜ̀dù* » : « L'Homme est un »). La visibilité imposante du corps renvoie à l'invisible indivisible de l'être humain. En complément à la vision traditionnelle du corps (cf. étude bolalogique), il est important d'évoquer, succinctement, les peines, les souffrances et les espoirs du corps.

2.1. Difficulté d'être un corps-unité

Cette unité fondamentale de l'Homme s'oppose à certaines visions du corps dans l'Histoire. Il aurait été sans doute intéressant de revisiter l'Histoire en étant attentif aux mauvais traitements du corps en milieu traditionnel *Iyɜ̌l*, mais aussi à travers le Christianisme, dans la mystique, la théologie, la morale, l'art, et enfin dans l'aujourd'hui de la littérature bien variée, de l'esthétique, des mass media visuels, etc. Qu'il me suffise d'évoquer à ce sujet, par ordre chronologique, la conception de quelques philosophes ou penseurs qui a marqué les générations : Zoroastre, Platon, Cicéron,

Mani, Descartes, Nietzsche, Onfray. Ceux-ci, au niveau anthropologique, ont développé un dualisme ou porté plus ou moins atteinte à l'intégrité de la personne humaine, du moins leur vision de l'Homme est différente.

Zoroastre ou Zarathoustra : il aurait vécu avant l'arrivée de la première dynastie des Achéménides en Perse (-6ᵉs. av. J.-C.), il serait originaire de l'Afghanistan actuel. Il est le fondateur du zoroastrisme, qui prit la forme mazdéenne plus tard (Zoroastre aurait reçu en exil la visite du dieu Ahura Mazda). Selon lui, dans la vie, le bien et le mal se combattent ; la Bonne pensée, la Bonne parole, la Bonne action procurent le bien ; l'âme préexiste et survit au corps ; elle descend dans le corps et le corps la libère à la mort[6]. En *lyèlé*, il y a aussi cette représentation du corps (*yala*) comme « enveloppe » (*fòrhó*).

Platon, philosophe grec (-428 -348 av. J.-C.) : je résume une partie de l'article d'Olivier Renaut[7] sur la pensée de Platon. Pour celui-ci, le vivant (*zôon*) possède deux principes : l'âme (*psuchê*) : réalité incorporelle, éternelle, autonome ; elle constitue la vraie nature de l'Homme. Le corps (*sôma*) est plutôt sensible, terrestre, terreux, corruptible, mortel. Il est pour l'âme un « véhicule », un « tombeau » (*sôma*), « comme une huître dans sa coquille », il est un « bourbier barbare », « source de mille affaiblissements », il remplit l'Homme de « désirs, appétits, peurs, simulacres de tout genre, futilités » ; « à cause de lui, il ne nous sera jamais possible de penser, et sur rien » ; riche en troubles et en affections, il détourne l'âme de

---

[6] Cf. ADELINE Yves-Marie, *La pensée antique, Mythes, sagesses orientales et philosophie grecque*, Ellipse Edition marketing S.A., p. 45.

[7] Cf. RENAUT Olivier, « Le corps et son usage chez Platon », in LE POINT, Hors-série n°2, Mars-Avril 2009, *Platon, Génie ou plagiaire ? Ce que l'on sait vraiment, Son histoire, Sa pensée*, Avec BERTRAND J.-M., PRAGUE R., BRISSON L., BATTEI J.-F., PRADEAU J.-M., p.54.

son chemin. Dans une telle conception, la mort est perçue comme une libération de l'âme, laquelle hérite alors, par « métensomatose[8] » d'un nouveau corps.

Ceci étant, Renaut fait une remarque importante : « Non seulement Platon ne dit pas que le corps humain est mauvais en soi, mais il en fait un objet de soin (*epimèleia*) [...] Pour Platon, le corps humain n'est qu'une partie du corps du monde [...] La connaissance du corps du monde est donc un préalable au soin de notre propre corps[9] ».

Cicéron ou Marcus Tullins Cicero a vécu de -106 à -43 av. J.-C. ; Ralph Dekoninck, en se référant à *De natura Deorum* (*La nature des dieux*) de Cicéron, relève deux types de corps des dieux qui s'y affirment : celui des épicuriens[10] et celui des platoniciens et stoïciens.

« Selon la conception épicurienne, dit-il, le corps divin ne serait qu'une espèce de ''fantasme'', c'est-à-dire une image dépourvue de réalité que les dieux font apparaître aux hommes [...] Le corps des dieux n'est qu'une apparence, une image dépourvue de toute consistance ontologique[11] ». Autrement dit, dans ce polythéisme antique, les dieux apparaissent sous une forme humaine, mais ce n'est pas un corps réel, cela ressemble seulement à un corps.

Par contre, le platonicien conçoit le corps des dieux autrement ; il « renverse, poursuit Ralph Dekoninck, l'ordre » : « ''dieu est le

---

[8] La métensomatose serait une sorte de réincarnation plutôt physique, comportant des traces de l'ancien corps.
[9] RENAUT Olivier, Article, *in* LE POINT, Hors-série n°2, Mars-Avril 2009, p. 55.
[10] Epicure, philosophe grec (-341 -270 av. J.-C.)
[11] DEKONINCK Ralph, « ''Ils inventèrent l'art de fabriquer des dieux'', Image du corps et corps des images entre paganisme et christianisme », *in* GESCHÉ A. et SCOLAS P. (sous la direction de), *Le corps, chemin de Dieu*, Les Éditions du Cerf, 2005, p. 126-127.

portrait et l'image de l'homme" (*deus effigies hominis et imago*[12]) ». Donc, « "on ne peut dire que les dieux ont une forme humaine, mais que la nôtre est divine[13]" ». Ces philosophes « platoniciens et stoïciens s'opposent à cet anthropomorphisme mythologique en dénonçant sa nature mensongère et en fustigeant son absurdité : "cet abus a produit des opinions fausses, des erreurs troublantes et des superstitions qui ne sont guère que des contes de bonne femme[14]". Ils opposent à ces fausses croyances l'idée d'un Dieu unique et incorporel (*asômatos*), omniscient et éternel, sans commune mesure donc avec la nature de l'homme, lequel ne peut par conséquent l'imaginer, encore moins le représenter[15] ».

Il est à noter que dans l'Antiquité, les dieux étaient des Hommes du passé qui ont été divinisés, étant donné le rôle déterminant qu'ils ont joué dans l'histoire familiale et sociale. Souvent, ils furent des fondateurs, des ancêtres, des rois, des héros, des modèles de vie à imiter.

---

[12] Cicéron, *La nature des dieux*, I, XXVII, 103, p. 47, cité par DEKONINCK R., Article, *in* GESCHÉ A. et SCOLAS P. (sous la direction de), *Le corps, chemin de Dieu*, p. 130.

[13] Cicéron, *La nature des dieux*, I, XXXII, 90, p. 40, cité par DEKONINCK R., Article, *in* GESCHÉ A. et SCOLAS P. (sous la direction de), *Le corps, chemin de Dieu*, p. 130.

[14] Cicéron, *La nature des dieux*, II, XXVIII, 790, p. 88, suite du texte : « Nous connaissons en effet les formes des dieux, leurs âges, leurs vêtements, leurs attributs et en outre leur filiation, leurs mariages, leur parenté, tout cela calqué sur le modèle de la faiblesse humaine [...] Voilà les sottises qu'on raconte et auxquelles on croit : ce sont là de vains bavardages sans fondement », cité par DEKONINCK R., Article, *in* GESCHÉ A. et SCOLAS P. (sous la direction de), *Le corps, chemin de Dieu*, p. 131-132.

[15] DEKONINCK Ralph, Article, *in* GESCHÉ A. et SCOLAS P. (sous la direction de), *Le corps, chemin de Dieu*, p. 132.

Mani ou Manès en grec (216-277 ap. J.-C.), est d'origine perse et fondateur du manichéisme. Selon Yves-Marie Adeline, Mani « oppose deux principes : le bien et le mal. Le bien est un principe spirituel, divin et lumineux. Le mal est un principe matériel, démoniaque et ténébreux. Le monde est né d'une attaque du mal contre le bien. Les ténèbres ont recouvert une partie du bien et ainsi ont donné naissance à la matière[16] ». Le monde matériel, corporel est donc mauvais. La lumière, prisonnière des ténèbres, s'est réfugiée dans l'Homme, lequel est prisonnier de la matière qui est maudite à jamais. Il faut par conséquent libérer l'esprit de la matière, la lumière du corps humain, qui les tiennent captifs. Le salut est dans la connaissance, *gnôsis*[17], qui « me fait comprendre, comme écrit Adeline, que mon âme est divine, mon corps diabolique, il est une prison ténébreuse de la lumière que je porte en moi[18] »

Ainsi, du point de vue des Manichéens, « tout ce qui est concédé au matériel, écrit Pierre-François de Béthune, est perdu pour l'esprit, et inversement : tout ce qu'on pourra soustraire au corps sera profitable à la vie spirituelle. On a ainsi exacerbé l'antinomie entre l'âme et le corps et [...] on a consacré l'antagonisme entre la ''chair'' et l'''esprit''[19] ».

Par rapport à la position de René Descartes, philosophe français (1596-1650), vis-à-vis du corps, et à celle de Friedrich Nietzsche, philosophe allemand (1844-1900), Joseph Famerée fait cette

---

[16] ADELINE Yves-Marie, *op. cit.*, p. 45.
[17] ADELINE Yves-Marie, *op. cit.*, p. 46.
[18] ADELINE Yves-Marie, *Idem.* p. 46.
[19] De BÉTHUNE Pierre-François, « Je vois ta foi à ta manière de respirer », *in* GESCHÉ A. et SCOLAS P. (Sous la direction de), *Le corps, chemin de Dieu*, p. 182.

remarque : « Au ''Zôon logicon'' helléno-médiéval et au ''cogito ergo sum'' cartésien, a succédé un ''Leib bin ich'' (nietzschéen)[20] ».

Dans cette citation, le grec « *Zôon logicon* » peut se traduire littéralement « Vivant logique », logique entendu comme doué de raison, raisonnable, immatériel, non physique ; le latin « *Cogito ergo sum* » peut être rendu par « Je pense donc je suis » ; et l'allemand « *Leib bin ich* » par « Je suis corps[21] » et seulement corps.

Friedrich Nietzsche (1844-1900), par son affirmation « Je suis chair », répudie de l'Homme le transcendantal (la métaphysique platonicienne) et le raisonnable (la *ratio* cartésienne) pour garder la corporéité et le charnel ; il quitte l'éthéré cérébral pour le sensible tangible. N'est-ce pas passer d'un extrême à un autre ? Le dualisme corps-esprit ou corps-âme est ainsi poussé à l'extrême, jusque sinon au déni d'une de ces deux composantes de l'Homme, du moins à la séparation des deux : l'Homme défini comme un « vivant raisonnable » est sans son corps, du moins celui-ci a peu d'importance et l'Homme réduit au « leib » (être charnel, corps) est sans sa transcendance. Si le corps manque de poids chez Descartes, Nietzsche, lui, tombe dans un « *corporisme* », dans une anthropologie close, sans horizon de transcendance. C'est un corps a-thée et donc sans espérance eschatologique.

En cela, fait remarquer Joseph Famerée, « sans critiquer le non-corporel en tant que tel, la modernité pose ''le corps comme unique

---

[20] FAMERÉE Joseph, « Le corps, chemin de Dieu. La problématique », *in* GESCHÉ A. et SCOLAS P. (sous la direction de), *Le corps, chemin de Dieu*, p. 18.

[21] « L'homme éveillé, celui qui sait dit : Corps suis je *[Leib bin ich]*, tout et totalement *[ganz und gar]*, et rien outre *[und nichts ausserdem]* ; et âme n'est qu'un mot pour désigner quelque chose dans le corps » (F. Nietzsche, *Ainsi parlait Zarathoustra*, I. ''Des contempteurs du corps'', cité par FAMERÉE Joseph, Article, *in* GESCHÉ A. et SCOLAS P. (sous la direction de), *Le corps, chemin de Dieu*, p. 20.

réalité, seule instance *de l'homme*"[22] ». Et de conclure : « L'homme moderne naît sans originaire, sans Père / Créateur, il grandit dans un espace qui n'est plus un ordre naturel établi par Dieu et il meurt sans éternité. Cet effacement de Dieu est une conséquence de l'effondrement culturel de la métaphysique[23] ».

Quant à Michel Onfray[24], philosophe écrivain français contemporain (né en 1959), il prêche vigoureusement pour « *une érotique solaire* », pour un usage du corps en totale liberté, sans référence aucune à l'*ethos*. L'éditeur écrit en quatrième de couverture du livre : « Michel Onfray oppose l'idéal ascétique, pythagoricien, juif, platonicien et chrétien – qui suppose la misogynie, la haine du désir et des plaisirs, la condamnation de la chair, le mépris du corps, le pouvoir absolu du mâle – à l'idéal hédoniste cyrénaïque, cynique, épicurien, qui invente la liberté amoureuse, la chair sans culpabilité, le célibat joyeux et l'égalité des hommes et des femmes ».

Par le titre de son livre, *Théorie du corps amoureux*, Michel Onfray vise « une déchristianisation de la morale dans une perspective de *formulation d'un matérialisme hédoniste*[25] [l'italique est de lui] ». Il fait recours alors au « concept moderne de libertinage[26] » : « Ce livre,

---

[22] FAMERÉE Joseph, Article, *in* GESCHÉ A. et SCOLAS P. (sous la direction de), *Le corps, chemin de Dieu*, p. 20 : il cite (en soulignant par l'italique), LEDURE Yves, *Si Dieu s'efface. La corporéité comme lieu d'affirmation de Dieu*, collection « théorème », Desclée, Paris, 1975, p.38.
[23] FAMERÉE Joseph, Article, *in* GESCHÉ A. et SCOLAS P. (sous la direction de), *Le corps, chemin de Dieu*, p. 19.
[24] ONFRAY Michel, *Théorie du corps amoureux, Pour une érotique solaire*, Édition Grasset & Fasquelle, 2000.
[25] ONFRAY Michel, *op. cit.*, p. 34.
[26] ONFRAY Michel, *op. cit.*, p. 34.

dit-il, aurait pu s'intituler *Traité de libertinage*. Car, le libertin, au sens premier du terme, désigne l'affranchi qui ne place rien au-dessus de sa liberté. Jamais il ne reconnaît aucune autorité susceptible de le coiffer, ni sur le terrain de la religion, ni sur celui des mœurs. Toujours il vit sur le principe d'une morale autonome [...] Ni les dieux ni les rois ne parviennent à l'entraver [...] Ainsi, dans l'esprit du terme, le libertinage [...] trouve singulièrement sa forme première dans le matérialisme hédoniste[27] ».

Un corps libertin ! Là aussi, on passe d'un extrême à un autre, d'un dolorisme de naguère, livrant le corps sans merci à la maltraitance, à la souffrance et à la douleur, à l'hédonisme moderne et postmoderne asservissant le corps comme esclave inconditionnel de l'*eros*.

Ce vaste panorama rétrospectif, à partir de la pensée de quelques auteurs influents, montre que le corps n'a pas toujours connu une *vie* digne dans l'histoire de la « corporéité ». Cette déconsidération du corps se double de la complexité des notions mêmes de « corps » et de « chair ». Là, il ne sera fait appel qu'à certains aspects de ces notions, car d'autres seront apportés au cours de la réflexion.

2.2. Des notions complexes

Le mot en *lyèlé* « yala », corps, revêt toujours la forme du pluriel ; le singulier, à ma connaissance, n'existe pas dans la langue. Comment comprendre ce pluriel ? L'envisager sous l'angle quantitatif, donnant lieu à plusieurs types de corps différents ? Ou le considérer d'un point de vue qualitatif ou sémantique, désignant le seul et même corps

---

[27] ONFRAY Michel, *op. cit.,* p. 34-35.

pouvant se manifester différemment ? En ce qui concerne le corps de l'Homme, le pluriel « yala » n'est pas numérique ou quantitatif, c'est plutôt un pluriel de majesté, de noblesse et de dignité, qui signifie la richesse de son mystère difficile à percer. Il est tantôt comme *ci*, tantôt comme *ça*. La polysémie du mot autorise une somatologie *ouverte*, qui invite à différentes manières d'être corps : le corps de l'être vivant, le corps-silhouette (*ywǝl*), le corps du mort, le corps du fantôme (*yóló*), le corps que mange, selon la mentalité, le sorcier, le corps qui apparaît lors d'un rêve, le corps enveloppe (*fòrhó*), le corps qui voyage non lié au temps et à l'espace, le corps du défunt vivant au pays des défunts, etc. C'est l'être humain qui se donne à voir sous diverses formes corporelles.

La pluralité de corps est à situer, me semble-t-il, dans la différence de nature ou d'espèce, tels les corps humains, les corps animaux, les corps végétaux, les corps minéraux, les corps gazeux, les corps liquides, etc. À ce sujet, l'Apôtre Paul distingue plusieurs types de chairs et de corps[28]. Le mystère du corps humain en ses différentes manifestations dans le contexte *lyǝl* demande une étude approfondie. Quoi qu'il en soit, pour l'Homme traditionnel, le corps humain, c'est la personne humaine elle-même, et sa vision de l'Homme me paraît non dualiste.

Le terme grec « sôma », traduit souvent par « corps » connaît différentes acceptions dans la Bible. Selon Xavier Lacroix, en se référant à J.A.T. Robinson, « le mot ''corps'' n'est la traduction exacte d'aucun terme biblique. Le terme *sôma* dans la Septante ne traduit pas moins de onze mots hébraïques, sans constituer pour

---

[28] « Toutes les chairs ne sont pas les mêmes, mais autre est la chair des hommes, autre la chair des bêtes, autre la chair des oiseaux, autre celle des poissons. Il y a aussi des corps célestes et des corps terrestres » (1Co 15,39-40).

aucun un équivalent véritable[29] ». Donc *sôma* déborde le cadre sémantique du corps.

Le « bashar / basar » hébreu, « le plus souvent traduisible par *sarx* plutôt que par *sôma*[30] », est polysémique aussi. Xavier Lacroix reprend les quatre significations principales de *basar* dans l'Ancien Testament retenues par Daniel Lys : « 1. l'homme dans sa manifestation […] ; 2. l'homme dans son appartenance à la terre et à la vie animale ; 3. l'homme dans sa dépendance à Dieu, ''ce que vivifie la *ruah*'' ; 4. l'homme dans sa fragilité et sa vulnérabilité [31] ». Xavier Lacroix souligne que « dans chaque acception, ce n'est pas une partie de l'homme, mais l'homme tout entier qui est désigné[32] ».

La notion de « *sarx* », chair en grec connote plusieurs nuances sémantiques également. Pour Adolphe Gesché, il « désigne en tout cas notre humanité en ce qu'elle a de plus matériel, de plus concret, de plus physique […] Le recours au mot ''chair'' dit à la fois moins et plus que le recours au mot ''corps''. Moins, car la chair sans corps est sans animation, comme telle elle ne fait pas système, organisation. Plus, parce que le mot ''chair'' indique la réalité intime du corps (''c'est la chair de ma chair''), sa sensibilité, sa merveilleuse fragilité, sa profondeur et sa surface la plus charnelle précisément, la plus douce et la plus douloureuse. La chair est

---

[29] LACROIX Xavier, *Le corps de chair, Les dimensions éthique, esthétique et spirituelle de l'amour*, Collection « *Recherches morales* », Les Éditions du Cerf, 4ème édition, Paris, 2001, p. 216, se référant à : ROBINSON J.A.T., *Le Corps. Etude sur la théologie de Saint Paul*, Édition du Chalet, 1966, p.23.
[30] LACROIX Xavier, *op. cit.*, p. 216; le terme grec *sarx* désigne la chair.
[31] LACROIX Xavier, *op. cit.*, p. 216, à partir de : LYS Daniel, *La Chair dans l'Ancien Testament*, Ed. Universitaires, 1967, (pages non indiquées) ; en hébreu, la *ruah*, c'est le vent, le soufle (vital), l'esprit (le *pneuma* grec).
[32] LACROIX Xavier, *op. cit.*, p. 216.

l'unique substance du corps[33] ». Xavier Lacroix mentionne cinq significations de *sarx* que J.A.T. Robinson a retenus : « 1. la substance commune aux hommes et aux animaux ; 2. la personne perçue d'un point de vue externe, l'homme extérieur, ce qui paraît au-dehors ; 3. l'homme dans sa faiblesse et sa mortalité ; 4. la solidarité des sexes et de la race ; 5. l'homme dans sa mondanité[34] ».

Ceci étant, dans la Bible, corps et chair peuvent désigner, l'un et l'autre, l'être humain dans sa réalité intégrale. Dans ce cas, ils sont interchangeables. C'est dans ce sens de totalité de l'Homme qu'ils sont employés dans ce travail-ci. Voici quelques exemples dans les Saintes Écritures :

À la vue de la femme créée par Dieu, l'homme s'écrie : « C'est l'*os de mes os* et la *chair de ma chair* » (Gn 2,23a). Il reconnaît par ces mots un *être humain*, dans sa totalité, qu'il appelle « femme » (Gn 2,23b). Isaïe annonce que « la gloire de Yahvé se révèlera et *toute chair*, d'un coup, la verra » (Is 40,5), Luc, qui s'y rapporte, préfère parler de salut « Et *toute chair* verra le salut de Dieu » (Lc 3,6). Saint Jean utilise également la même expression « toute chair » : « selon le pouvoir que tu [Père] lui [ton Fils] as donné sur *toute chair* » (Jn 17,2). Dans les trois citations, « Toute chair » veut dire « tout être humain », autrement dit, l'humanité entière. Saint Paul peut exprimer aussi la totalité de la personne en utilisant le mot « sôma » (corps), par exemple en Rm 12,1 : « Je vous exhorte […] à offrir vos *personnes* [le texte grec dit : *sômata*] en hostie vivante, sainte, agréable à Dieu ».

---

[33] GESCHÉ Adolphe, « L'invention chrétienne du corps », *in* GESCHÉ A. et SCOLAS P. (sous la direction de), *Le corps, chemin de Dieu*, p.34-35.
[34] LACROIX Xavier, *op. cit.*, p. 218, à partir de : ROBINSON J.A.T., *op. cit.*, p. 30-38.

Dans ce sens d'intégralité, la vision du corps, par le *Lyǝl* traditionnel, comme corps-unité signifiant l'Homme (*numbyíní*) rejoint la conception de la Bible concernant le corps ou la chair. C'est en ne perdant pas de vue cette perception globalisante du corps, c'est-à-dire, comme corps-unité désignant la totalité de l'être humain, que le corps de l'individu Jésus de Nazareth est envisagé. Pour le moment, du point de vue de l'incarnation uniquement : le Verbe devenu chair, corps, homme (Jn 1,14 : *sarx*).

2.3. Le corps de Jésus : corps de l'homme, corps de Dieu

Louis-Marie Chauvet exprime magnifiquement le mystère du corps de Jésus : « Le plus 'spirituel' a toujours 'lieu' dans le plus 'corporel'[35] ». Il faut de suite préciser ceci : en parlant du corps de Jésus, il s'agit de Jésus comme corps, c'est-à-dire comme être humain, mais particulier. L'intention n'est ni de séparer ni de confondre.

2.3.1. Un vrai corps humain

Saint Jean, dans son prologue, a cette affirmation forte et fort surprenante : « Le Verbe s'est fait chair » (« *Kai ho Logos sarx egeneto* » : Jn 1,14) : le Fils de Dieu est devenu un être humain, comme nous, ayant un corps de même chair, de mêmes os, de même nature. Ce n'est pas un corps étrange ou étranger à notre condition humaine corporelle, un corps descendu d'en-haut : « Les premières générations chrétiennes, Origène en tête, réagiront vivement contre

---

[35] CHAUVET Louis-Marie, *Les sacrements, Parole de Dieu au risque du corps,* Les Éditions de l'Atelier /Éditions ouvrières, Paris, 1997, p.4.

toute interprétation attribuant au Verbe incarné un corps certes, mais un corps céleste (*sôma ouranikon*), une sorte de corps qui ne trouve pas son origine parmi nous et qui, en somme, n'est pas un vraiment[36] ». Comme tout être humain, Jésus « a été éprouvé en tout, d'une manière semblable, à l'exception du péché » (He 4,15).

Le corps de Jésus n'est pas non plus un semblant de corps, apparent ou fictif, comme le pensaient les docètes, surtout pas un corps fabriqué qui est *non vivant*, qui ne parle pas, ne voit pas, n'entend pas, comme celui des idoles[37]. Pleinement homme, hormis le péché, Jésus a un corps *pleinement humain* : un corps né[38] effectivement d'une femme, Marie[39], comme « fruit de ses entrailles[40] » ; un corps circoncis selon la coutume juive, donc inculturé, et non anonyme[41] ; un corps qui grandissait en âge et en sagesse[42] ; un corps qui peut avoir faim[43] et soif [44], un corps qui peut

---

[36] GESCHÉ Adolphe, Article, *in* GESCHÉ A. et SCOLAS P. (sous la direction de), *Le corps, chemin de Dieu*, p.36.

[37] Ps 115(113 B), 5-7 : « Elles [les idoles] ont une bouche et ne parlent pas, elles ont des yeux et ne voient pas, elles ont des oreilles et n'entendent pas, elles ont un nez et ne sentent pas. Leurs mains, mais elles ne touchent point, leurs pieds, mais ils ne marchent point, de leur gosier, pas un murmure ! » (cf. Ps 135(134), 16-17).

[38] Lc 2,7 : « Elle [Marie enceinte] enfanta son fils premier-né ». Cf. aussi le Symbole des Apôtres : « [Je crois] en Jésus-Christ, son Fils unique, notre Seigneur, qui a été conçu du Saint Esprit, est né de la Vierge Marie ».

[39] Lc 1,26...27 : « L'Ange Gabriel fut envoyé [...] à une jeune fille accordée en mariage à un homme nommé Joseph [...] Cette jeune fille s'appelait Marie (TOB) ».

[40] Cf. la prière du « Je vous salue, Marie ». : « Et Jésus, le fruit de tes entrailles, est béni ».

[41] Lc 2,21 : « Lorsque furent accomplis les huit jours pour sa circoncision, il [l'enfant] fut appelé du nom de Jésus ».

[42] Lc 2,40 : « L'enfant grandissait, se fortifiait et se remplissait de sagesse ».

[43] Mt 4,2 : « Il [Jésus] jeûna quarante jours et quarante nuit, après quoi il eut faim ».

connaître la fatigue[45], com-patir (souffrir avec), prendre pitié[46], s'émouvoir et être bouleversé[47], un corps qui peut être sensible à une caresse et à une onction[48], un corps qu'on peut toucher[49], qui peut s'énerver[50], un corps qui a souffert[51], est mort[52] et a été enseveli[53]. Ces derniers mots sur la passion-mort font penser à la conception musulmane de Jésus. En Islam, Dieu n'engendre pas, donc il n'a pas

---

[44] Jn 19,28 : « Pour que l'Écriture fût complètement accomplie, Jésus dit : '' J'ai soif '' » ; Jn 4,7 : « Donne-moi à boire » demande Jésus à la samaritaine.

[45] Jn 4,6 : « Jésus, fatigué par la route, se tenait donc assis près du puits ».

[46] Mt 9,36 : « À la vue des foules, il en eut pitié, car ces gens étaient las et prostrés comme des brebis qui n'ont pas de berger » (cf. Mt 14,14).
 Mt 11,28 : « Venez à moi vous tous qui peinez et ployez sous le fardeau, et moi je vous soulagerai ».

[47] Jn 11,33 : « Lorsqu'il la [Marie] vit pleurer, et pleurer aussi les juifs qui l'avaient accompagnée, Jésus frémit en son esprit et se troubla » ; et en Jn 11,35 : « Jésus pleura ».

[48] Lc 7,38 : « Tout en pleurs, elle [une femme] se mit à arroser les pieds [de Jésus] de ses larmes ; et elle les essuyait avec ses cheveux, les couvrait de baiser, les oignait de parfum ».

[49] Jn 20,27 : « Avance ta main, dit Jésus à Thomas incrédule, et mets-la dans mon côté » ; 1Jn 1,1 : « …ce que nos mains ont touché du Verbe de vie » ; Lc 8,45 : « Qui est-ce qui m'a touché ? »

[50] Mc 10,14 : « Jésus se fâcha et leur [à ses disciples] dit : « Laissez les petits enfants venir à moi » ; Cf. Jn 2,13-16 : avec un fouet de cordes, Jésus chasse les vendeurs du Temple.

[51] Mt 27,26 : « Quant à Jésus, après l'avoir fait flageller, il [Pilate] le livra pour être crucifié » ; Mt 27,29-30 : « Ayant tressé une couronne avec des épines, ils la placèrent sur sa tête […] et crachant sur lui, ils prenaient le roseau et en frappaient sur sa tête » ; Jn 19,34 : « L'un des soldats, de sa lance, lui perça le côté ».

[52] Mc 15,37 : « Jésus, jetant un grand cri, expira » ; Jn 19,30 : « Inclinant la tête, il remit l'esprit ».

[53] Mt 27,59 : « Joseph prit donc le corps, le roula dans un linceul propre et le mit dans le tombeau neuf qu'il s'était fait tailler dans le roc ».

de Fils⁵⁴. Transcendant qu'Il est, Dieu ne peut être homme. Jésus n'est que fils de Marie, et il n'est qu'un Prophète. Il n'a pas été crucifié (tué), car il est impensable que Dieu accepte la mort de son Envoyé.

Au total, le corps de Jésus est un corps *réel*, autrement dit, Jésus est un « être- humain- dans- sa- totalité » : avec ses sens, gestes, attitudes et paroles, avec son affectivité, sa vitalité, avec ses désirs, aspirations et potentialités, mais aussi avec sa fragilité, sa vulnérabilité, sa passibilité, ses limites. Mais sans péché. Ce corps *jésusien*⁵⁵, vrai dans toute sa densité et son étoffe humaines, se révèle cependant un corps *particulier* et *unique* en son genre.

2.3.2. Un corps singulier et unique

Ce qui fait la singularité et l'originalité du corps de Jésus, c'est la *nouveauté* qu'il est et apporte. Entre autres, *trois caractéristiques* le particularisent :

Premièrement, Jésus a un corps *immaculé, saint.* Alors que l'être humain (*numbyíní*), suite à la chute (cf. Gn3), est devenu pécheur⁵⁶, Jésus n'a pas connu le péché. Dieu, par son Verbe, s'est fait chair, corps, ce corps de Dieu est saint, car Dieu est Saint (Lv 11,45 ; 20,26 ; Ap 15,4), parfait (Mt 5,48). Jésus est Dieu (Jn 1,1 ; Mc 2,7.10), Fils de Dieu (Jn 1,18 ; Mc 1,1 ; 15,39 ; Mt 16,16). Sa mère, Marie est l'Immaculée

---

⁵⁴ Sourate 112,3-4 : « Il [Dieu] n'engendre pas, il n'est pas engendré ; nul n'est égal à lui » (Le Coran II, Traduction de MASSON D., Éditions Gallimard, 1967, p. 771).

⁵⁵ « Corps jésusien » : la tautologie est ici voulue, car Jésus, c'est déjà Dieu-chair (cf. Jn 1,14 : *Logos-sarks*).

⁵⁶ Dieu n'a pas créé l'homme pécheur, pécheur par nature (cf. Gn 1,27.31). Avant la chute, il y a l'état de grâce. Tout ce que Dieu a créé, dont l'être humain, homme et femme, a été créé « bon » (Gn 1,4.10.12.18.21.25), même « très bon » (Gn 1,31) et donc sans péché.

Conception (cf. dogme proclamé par le Pape Pie IX le 8 décembre 1854). Jésus offre sa vie, son corps saint, immaculé, sur la Croix, pour racheter et sanctifier le corps humain pécheur (individu et peuple). Car il voulait son Épouse, le corps ecclésial, « toute resplendissante, sans tache ni ride ni rien de tel, mais sainte et immaculée » (Ep 5,27).

Deuxièmement, Jésus a un corps *anthropologal* et *théologal*. Pour l'Homme traditionnel, l'être humain, la vie, et donc le corps, est un *don* de Dieu (*Yi penê*). Ce don est devenu plus manifeste en Jésus-Christ, Fils de Dieu fait chair, corps (homme). En Jésus-Christ, vrai Dieu et vrai homme, le corps acquiert un statut de double chemin, ou plutôt de chemin unique, qui conduit et à l'Homme et à Dieu : Jésus comme corps *anthropologal* est chemin de Dieu *vers l'Homme* et Jésus comme corps *théologal* est chemin de l'Homme *vers Dieu*.[57]

Corps comme chemin vers Dieu ? Joseph Famerée fait remarquer que « ce mouvement [fut] interdit dans un premier temps parce qu'il relèverait d'une prétention ''religieuse'' (Karl Barth) et fantasmagorique à atteindre Dieu par nous-mêmes […] Ce mouvement devient maintenant, après l'incarnation du Verbe, un chemin permis et même […] ''obligatoire'', obligé en tout cas, pour aller à Dieu[58] », et pour aller à l'Homme.

Cette double entrée fait du corps une *médiation* unique en son genre entre Dieu et l'Homme. Anthropo-théologal, le corps est ainsi théologisé comme haut lieu de *rencontre* entre Dieu et l'Homme.

---

[57] À propos de la recherche d'un titre pour le colloque « Le corps, chemin de Dieu », FAMERÉE Joseph écrit : « Il s'agissait de parler ''théologiquement'' du corps comme chemin de nous vers Dieu et de Dieu vers nous » FAMEREE Joseph, Article, *in* GESCHÉ A. et SCOLAS P. (sous la direction de), *Le corps, chemin de Dieu*, p.14.

[58] FAMERÉE Joseph, Article, *in* GESCHÉ A. et SCOLAS P. (sous la direction de), *Le corps, chemin de Dieu*, p. 43.

Revenons aux *bɔ̀là* qui signifient, littéralement, cavité, ouverture, conduit, espace-temps. En accordant au terme *bɔ̀là* un sens métaphorique, qui va au-delà de son sens littéral, le corps de Jésus peut être dit *corps-bɔ̀là,* en sa double signification : d'une part, un *corps-ouverture*, c'est-à-dire, un corps ouvert ou qui s'ouvre à la fois à Dieu et à l'Homme, permettant la rencontre et la communication ou le dialogue entre Dieu et l'Homme ; d'autre part, un *corps-conduit*, autrement dit, un corps-chemin, qui conduit, qui mène, à Dieu et à l'Homme. Le corps « bolaïque » de Jésus s'offre alors comme espace-temps (*bɔ̀l*) privilégié où Dieu, le premier, prend l'initiative de rejoindre l'Homme dans son milieu concret de vie, c'est-à-dire, dans son histoire personnelle, sociale et ecclésiale[59] pour partager sa Vie, se *donner* lui-même à l'Homme, invitant celui-ci à se *donner* lui aussi à Lui, Dieu, et à autrui. Si le corps est don divin reçu, il doit également être don partagé. « J'ai un corps » ou « Je suis un corps » sont à comprendre, avant tout, dans ce sens. Selon Joseph Ratzinger, « Notre salut consiste à *devenir* ''Corps du Christ'', à devenir comme le Christ lui-même ; à nous *recevoir* nous-mêmes de lui, chaque jour ; à lui *restituer* chaque jour notre corps, à le lui *offrir* tous les jours comme lieu de la *parole*[60] ». La théologalité du corps, comme son anthropologalité, comporte cette dimension de *parole échangée* entre Dieu et l'Homme, qui est don de soi à l'autre.

Troisièmement, Jésus a un corps *théophanisé*. Moïse sur le Sinaï supplie Yahvé : « Fais-moi de grâce voir ta gloire » (Ex 33,8). Mais Dieu lui répond : « Tu ne peux pas voir ma face, car *l'homme ne*

---

[59] Cet espace-temps (*bɔ̀l*)est lisible en Jn 1,14 : « Et le Verbe s'est fait chair et il *a campé* (*eskènôsen* : a dressé sa tente) parmi nous ». Le faisant, Jésus devient lui-même l'espace-temps de salut pour l'Homme.

[60] RATZINGER Joseph, *Le ressuscité, Retraite au Vatican, en présence de S.S. Jean-Paul II*, Éditions Desclée de Brouwer, 1986, p. 76.

peut me voir et vivre » (Ex 33,20). Mais Dieu lui fait une faveur : le *voir de dos* : « Voici une place près de moi ; tu te tiendras sur le rocher. Quand passera ma gloire, je te mettrai dans la fente du rocher et je te couvrirai de ma main jusqu'à ce que je sois passé. Puis, j'écarterai ma main et tu verras mon dos ; mais ma face, on ne peut la voir » (Ex 33, 21-23). Aux temps accomplis (cf. He 1,2), Dieu *s'est donné à voir* en son Verbe incarné (Jn 1,14) : « Nul n'a jamais vu Dieu, dit Saint Jean ; le Fils unique […] lui, l'a fait connaître » (Jn 1,18). L'évangéliste insiste : « Nous avons contemplé sa gloire » (Jn 1,14). Jésus, « Image du Dieu invisible » (Col 1,15 ; 2Co 4,4) confirme lui-même cette épiphanie : « Qui m'a vu a vu le Père » dit-il à Philippe (Jn 14,9). Désormais, on peut voir Dieu et vivre. Mieux, Dieu se donne à voir pour donner à vivre.

En d'autres termes, le « corps de Jésus » en tant qu'homme-Dieu, est *théophanie*, Dieu s'y manifeste, s'y révèle en plénitude. Il est corps « de » Dieu, c'est-à-dire : il dit Dieu, parle de Dieu, parle à Dieu et le fait connaître. Si le corps est la personne elle-même, le corps de Jésus, en tant que la personne du Logos de Dieu fait chair, est *théo-logie*, au sens fort du terme, *La Parole sur Dieu*. « C'est en épousant le mystère de l'homme que le mystère de Dieu prend corps en l'homme[61] ». Dans et par ce corps théophanisé de Jésus, Dieu parle à l'Homme, parle de l'Homme, lui révèle la vérité de son être et de sa raison d'être, à savoir, un être corporel appelé à le manifester au monde, à le glorifier dans son corps (cf. 1Co 6,20), à *épiphaniser* la vie du Christ dans son corps (cf. 2Co 4,10). En cela, le corps humain est parole de Dieu *sur* l'Homme. Le corps de l'Homme ne

---

[61] LEDURE Yves, *Si Dieu s'efface. La corporéité comme lieu d'affirmation de Dieu*, collection « théorème », Éditions Desclée, Paris, 1975, p. 62, cité par FAMERÉE Joseph, Article, *in* GESCHÉ A. et SCOLAS P. (sous la direction de), *Le corps, chemin de Dieu*, p.22.

peut être compris véritablement qu'à partir du corps singulier et original de Jésus, dans lequel cette « intelligibilité du corps[62] » est donnée. Cela est l'œuvre de L'Esprit Saint[63], lequel a présidé à l'incarnation du Verbe de Dieu.

En conclusion de cette deuxième partie de la réflexion, il peut être dit que le *corps-unité* comme *totalité* de l'Homme ne trouve sens et plénitude que dans le corps singulier et unique de Jésus, corps « tourné vers Dieu » (*pros ton theon*) – cette expression de proximité et d'intimité profondes est empruntée à l'évangéliste Jean (Jn 1,1) – et, de ce fait, « tourné vers l'Homme » (*pros ton anthropon*, pourrait-on traduire). Ce corps d'auto- révélation de Dieu et de vérité sur l'Homme s'impose comme la *norma normans* de toute rencontre spirituelle. La conception du corps par l'Homme traditionnel comme *intégralité* de l'être humain se trouve ainsi assumée pleinement dans un *dépassement*. Elle ne concerne plus uniquement l'Homme, *unité* en lui-même, mais avant tout l'Homme et son Dieu, *unis* désormais en Jésus-Christ.

En tout cela, Dieu *honore* le corps, il n'est plus simplement et uniquement le Dieu de la *ratio* philosophique, de l'intellect éthéré, au mépris du corps, mais le Dieu du corps, où le dualisme fait place à

---

[62] « Le corps de l'homme n'est plus indigne et incapable de Dieu. Se dessine ici une *intelligibilité* du corps. Totalement inintelligible sous Platon (seule l'âme, seul l'esprit, seule l'idée sont des intelligibles), voici qu'il [le corps] devient intelligible […] Qu'il n'est pas obscur et épais [''ce sont les démons qui ont un corps épais, dira Origène''] […] Qu'on peut le comprendre, le laisser dans un discours qui en dit le sens […] celui d'être capable du divin. Si le corps est opaque à Platon, il ne l'est pas à Dieu. Pour Dieu […] il n'est pas absurde » GESCHÉ Adolphe, Article, *in* GESCHÉ A. et SCOLAS P. (sous la direction de), *Le corps, chemin de Dieu*, p.35

[63] L'Ange dit à Marie : « L'Esprit Saint viendra sur toi, et la puissance du Très-Haut te prendra sous son ombre ; c'est pourquoi l'être saint qui naîtra sera appelé Fils de Dieu » (Lc 1,35).

l'unité, à Celui dont le Logos s'est fait corps (homme) pour désormais nous rendre aptes à le rencontrer, le connaître, l'aimer et partager sa vie, sans rien perdre de sa transcendance ou de sa sainteté. Bien au contraire, sa toute-puissance et sa perfection se doublent de mystère dans l'immanence du corps qu'épouse son *Logos* : « Grâce au corps de son Verbe, dit Adolphe Gesché, on apprend que Dieu peut être fragile, vulnérable […] Nous allons enfin atteindre Dieu dans sa vérité, c'est-à-dire dans la ''faiblesse[64]'' et non dans la toute-puissance. Et donc dans notre faiblesse et nos manques[65] », en d'autres termes, dans notre *corps de chair*, qui connaît, lui, – à la différence du corps de Jésus – la finitude (corps mortel) et la condition pécheresse (corps pécheur).

---

[64] Adolphe Gesché ne semble sans doute pas dire par là « un Dieu *faible* » (faible au sens négatif comme l'homme l'est). C'est plutôt une « faiblesse » d'amour, un amour de tendresse, de miséricorde, de fidélité à l'homme.
[65] GESCHÉ Adolphe, Article, *in* GESCHÉ A. et SCOLAS P. (sous la direction de), *Le corps, chemin de Dieu*, p.46-47.

Chapitre 3
Un corps de finitude et pécheur

3.1. Un corps fragile et mortel (*nánfò, bə-kùr-zhe*)

Le corps est la personne humaine dans sa condition de fragilité et de finitude comme *créature*. Le sage de la Bible dit : « Qu'est donc le *mortel*, que tu t'en souviennes, le fils d'*Adam*, que tu le veuilles visiter » (Ps 8,5). Pour comprendre comment l'Homme traditionnel perçoit la *fragilité* du corps désignant la personne elle-même, le recours est fait une fois de plus à la numérologie locale, d'abord au « zéro » (o : *nánfò*), puis aux chiffres « trois » (3) et « quatre » (4) comme symboles des cavités ou ouvertures (*bɔ̀là*), en ne retenant que l'un des *bɔ̀là*, le « kùr » avec ses différentes acceptions.

Le chiffre *nánfò*, zéro (0), représente la valeur nulle ou le rien correspondant au *nihil* latin. L'idée de rien est rendue aussi par « fòò » ou « kaka » ou « kɛbé ». Et pour insister sur le rien et le maximiser, « yàà » lui peut être ajouté : *yàà nánfò* ou *nánfò yàà*. Surtout que *yàà* comporte déjà l'idée de *ne vaut rien* ou de *ne vaut pas grand-chose*. Voici quelques exemples d'emplois.

« Ń lyèè ń cìn nánfò » : il s'est donné de la peine (s'est fatigué) pour rien.

« Ń twĩ nánfò / ń twĩ fòò » : il a travaillé sans rien prendre, gratuitement, sans rémunération.

« Ń mà mɔ yàà nánfò » : il l'a frappé sans motif (pour rien).

« Ń yè kaka wèrhé yé » : il n'a rien fait.

« Ńmyɛ̌ myɛ̌ɛ, wɔ́ yàà nánfò » : lui, vraiment, il est nul (il ne vaut rien).

« Ń bə kɛbé kɛbé zhe » : il n'a absolument rien (il n'a rien rien).

« Ń dɔ̀ kɛbé yé » : il n'est rien.

Aussi dit-on généralement de l'Homme, surtout à la suite d'un décès inattendu : « Numbyíní wɔ́ nánfò »: littéralement, « L'être humain est zéro (rien) ». Le *nánfò* caractérise sa fragilité, sa vulnérabilité, son insignifiance, son état temporel, passager, précaire. Le *numbyíní* (l'Homme) n'est pas grand-chose et sa vie tient à peu de chose.

Dans la Bible, le psalmiste décrit ce *nánfò* de l'être humain : « L'homme ! Ses jours sont comme l'herbe, comme la fleur des champs il fleurit; sur lui, qu'un souffle passe, il n'est plus » (Ps 103(102),15-16 ; cf. Ps 90(89),5-6). Ou encore : « L'homme est semblable à un souffle, ses jours sont comme l'ombre qui passe » (Ps 144(142),4 ; cf. Ps 39(38),6-7). Job, dans sa grande souffrance, déplore le sort de l'être humain : « L'homme, né de la femme, qui a la vie courte, mais des tourments à satiété. Pareil à la fleur, il éclot puis se fane, il fuit comme l'ombre, sans arrêt […] Ses jours sont comptés » (Jb 14,1-2.5).

L'Homme traditionnel a d'autres mots (*shó, bo*) qui expriment le *nánfò* de fragilité et de finitude humaines : « Nmbyíní wɔ́ shó » : l'Homme est terre fine, il est terreux[66]. Ou : « Numbyíní wɔ́ bo » : l'Homme est banco (terre argileuse ou non, mélangée avec de l'herbe ou non, et pétrie avec de l'eau). Le banco est utilisé comme

---

[66] Le terme « poussière » est *kɔ́kɔ̀rhɔ́* en *lyèlé*. ; le « kɔ́kɔ̀rhɔ́ » est aussi de la terre emportée par le vent.

matériau de construction. Ainsi en est-il de l'Homme : il est fait de *bo*, en parlant de son corps, qui se décompose dans la tombe et redevient *shó*, de la terre. Le *shó* ou le *bo* disent l'état mortel de l'être humain.

La Genèse, chapitre 2 verset 7, va dans le même sens : « Yahvé Dieu modela l'homme avec la glaise du sol » (Gn 2,7). Ainsi, « Adam », l'ancêtre de tout le genre humain, est fait de *terre*. En hébreu, terre se dit « adama », d'où le nom d'Adam donné au premier homme. L'Ecclésiastique souligne également la condition précaire et mortelle des êtres terrestres, l'Homme compris : « Tout ce qui vient de la *terre* retourne à la *terre* » (Si 40,11). Le Mercredi des cendres, le prêtre, pour accompagner l'imposition des cendres, a le choix entre deux formules, l'une d'elles est : « Souviens-toi que tu es poussière et que tu retourneras en poussière ». Pour Saint Paul, si le premier homme, Adam, est mortel et source de mort, le nouvel Adam, le Christ, vainqueur de la mort, est immortel ; il est vie et source de vie : « La mort étant venue par un homme [Adam], c'est par un homme aussi [le Christ] que vient la résurrection des morts. De même en effet que tous meurent en Adam, ainsi tous revivront dans le Christ » (1Co 15 ,21-22). La condition de l'Homme *change* avec le Christ : « Qui croit en moi, même s'il meurt, vivra » (Jn 11,25). Désormais, l'Homme, traditionnel ou non, n'est plus enfermé dans son *nánfò*, comme être fini et mortel.

Dans la même parenté de sens que *nánfò*, *shó* et *bo* qui mettent en relief la fragilité de l'Homme, il y a « *bə-kùr- zhe* », par exemple, « Ǹ bə kùr zhe » : tu ne vaux rien. Cette expression permet d'approfondir la notion de fragilité, de finitude. Le mot « kùr » ou « kùrə̀ » comporte plusieurs acceptions. Le champ sémantique de « kùr » peut être exploré à partir quelques emplois.

« *Ń tá ń ce ń kùr tɛ́ (yé)* »: littéralement, il ne met pas son postérieur à terre, il ne s'assoit pas ; se dit de celui qui est mobile, qui ne reste pas sur place.

« *Bɔ̀k'á ce ǹ kùr kwã né (yé)* »: ne mets pas le postérieur ailleurs ; ne te retire pas, sens-toi concerné, engage-toi.

« *Zhìlí kùr* » : fond du puits.

« *Kɔ̀lɔ́ kùr* » : fond du canari, reliquat de la boisson.

« *Kɔ̀lɔ́ kùr wɔ́ nánce cəl* » : le fond du canari (le reste du dolo, bière de mil) appartient à l'ancien (par respect).

« *Zɔ̀mè kùr* » : sens ou étymologie du mot ; sens de la parole, du message.

« *Kɔn ré zhe kùr* » : la chose est importante.

« *Jì kùr* » : fondations (base, assise) d'une maison, là où la première brique a été posée, premier lieu d'installation de la famille.

« *Jì kùr t'â pɛ (yé)* » : On ne donne pas le terrain où se trouvent les premières fondations de la maison paternelle ; il reste toujours la propriété de la famille. « *Jì y kùr ré pyìrh* » : le dernier représentant (le reste) de la famille n'est plus, tous sont morts.

« *Ǹ kùr shí yɛ̀* ? » : d'où viens ton *kùr* ? Autrement dit : d'où viens-tu ? Dans cette phrase interrogative, *Kùr* a le sens de localité, provenance, origine, racines.

« *E cí́ kùr* » : prendre de l'importance, avoir du poids, être posé.

« *E cí́ lò kùrɔ̀ / e jál lò kùrɔ̀* » : dévoiler comment est la personne, raconter ce qui n'est pas connu la concernant (comportement), la dénoncer.

Somme toute, « kùr » dit à la fois : base, assise, fondation, fond, fondement ; sens, signification, étymologie ; importance, poids, gravité ; provenance, origine, racine, reste d'une famille ; engagement ; partie du corps qui permet de s'asseoir, etc. Alors dire à quelqu'un : « *Ǹ bə kùr zhe* »: Tu n'as pas de *kùr*, revient à sous-estimer gravement l'importance de la personne, son utilité, sa valeur, sa dignité, sa capacité, son poids social. Cela revient à le traiter de vaurien (vaut rien, vaut *nánfò*), de quelqu'un qui n'a pas de l'étoffe, qui est sans grandes qualités. Sa déconsidération peut être alourdie si l'on utilise « kùrí », diminutif de *kùr*, en le renforçant par un dédoublement minimisant qui a valeur de superlatif : « Ǹ bə kùrí kùrí zhe ! » : c'est difficile à traduire en français : « [Même] le moindre moindre *kùr* tu n'as pas ! »

Être sans « kùr », c'est aussi être sans racines et sans avenir reconnus, et donc sans repère, sans histoire inscrite dans un devenir, sans parole de poids et sans acte qui peut être considéré. En définitive, une telle personne connaît déjà et vit proleptiquement la mort. Le « kùr » *fonde* la personne, lui donne sens et coordonnées spatio-temporelles, il l'*institue* socialement (*in stare* : être debout dans). De ce point de vue, le *numbyíní*, l'être humain, est un monument (*monumentum*) bien enraciné (*kùr*) dans une histoire, une mémoire d'origine (le passé), dans une vie *hic et nunc* (le présent) et dans un projet qui lui donne d'espérer (l'avenir). Autrement dit, le « kùr » est à la fois, diraient Gérard DELTEIL et Paul KELLER, « *Enracinement* : un sol qui vous porte. Des liens qui fixent une origine et assurent une solidité […] Une généalogie qui vous identifie […] (et) *Itinéraire* : départ vers un inconnu […] Déplacement de l'horizon. Quête toujours reprise, qui vous porte toujours ailleurs[67] ». Ceci étant, l'Homme reste, même avec un « kùr » important, un être *fini*, en quête de plénitude et d'accomplissement.

Ainsi le corps ou la chair « signifie […] la totalité de l'être humain en tant que nous sommes mortels, finis et conditionnés.

---

[67] DELTEIL Gérard et KELLER Paul, *l'Eglise disséminée, Itinérance et enracinement*, Paris, Les Éditions du Cerf, 1995, p. 8.

Autrement dit, l'opposé de la chair n'est pas l'esprit, mais l'Infini et l'Inconditionné, Dieu ou l'Esprit[68] ».

Pour Xavier Lacroix, cette fragilité de la chair (*basar*) « n'est pas principalement liée à la dimension matérielle de la chair » mais s'explique « par le fait que le *basar* ne peut subsister par lui-même et a besoin du souffle[69] ». En effet, Yahvé Dieu « insuffla dans ses narines une haleine de vie et l'homme devint un être vivant » (Gn 2,7).

Fini et, par surcroît, pécheur, l'Homme, pour vivre, est dépendant du don de vie par Dieu, son Créateur. Si finitude et péché ne sont pas à confondre, le chemin est vite parcouru. Ce qui conduit à envisager comment l'Homme traditionnel, à travers la numérologie, conçoit la faiblesse de l'Homme, et donc du corps, dans sa condition d'imparfait et de pécheur.

3.2. Un corps imparfait, pécheur (*nəbɔ́*)

Le *Lyɔ́l* connaît bien ce proverbe qu'il aime citer si souvent : « Numbyíní wɔ́ nəbɔ́, è yə shí pyìrh yé » : littéralement, « L'être humain est neuf (9), il n'est pas dix (10) ». Le *dix* (10) employé tout seul se dit « shíyɔ́ ». Le verbe « (e) pyìrh », non rendu dans cette traduction littérale édulcorée à dessein car difficile à traduire, renvoie à l'idée de : complet, plénier, accompli totalement, réalisé entièrement, parachevé. Voici quelques exemples d'emplois de ce verbe.

---

[68] REIJNEN Anne Marie, « Le corps, chantier de rédemption », *in* GESCHÉ A. et SCOLAS P. (sous la direction de), *Le corps, chemin de Dieu*, p. 199.
[69] LACROIX Xavier, *Le corps de chair, op. cit.*, p. 217.

« *Kɔn gakó pyìrh* » : tout est accompli.

« *Wéré y yó pyìrh* » : le montant de la somme est complet, il ne manque rien.

« *Ń pyìrh ń nyì-bwelé y* » : il a réalisé sa promesse, il a tenu sa promesse.

« *Dwà y pyìrh* » : la pluie a cessé de tomber, il ne pleut plus du tout.

« *Ń ywésé pyìrh* » : ses cheveux ont blanchi. Se dit d'une personne bien âgée.

Le proverbe cité pourrait être interprété ainsi : il affirme, de façon claire et nette, en employant un verbe d'état, « wɔ́ » (est), que l'être humain est neuf (9). Par contre, pour le dix (10), il utilise le verbe *e pyìrh* à la forme négative marquée par le « yɜ̀ », pour montrer qu'il y a un inaccompli, une tension, un mouvement *vers* (*ad* latin). L'être humain, à partir du *neuf* (9) qu'il est, tend vers le dix (10) qu'il n'est pas encore, comme *telos*, finalité. Le chiffre dix (10) symbolise un idéal à poursuivre, un objectif final à atteindre. Le *numbyíní* est un être « *non-pyìrh* », c'est-à-dire, inaccompli, *fini*, non achevé. « Partout, l'homme expérimente ses limites, dans son pouvoir, dans sa durée de vie, dans l'impossibilité d'être à la fois ici et là-bas et, tout autant, dans son identité culturelle et raciale[70] ». Cette projection de l'Homme vers la plénitude du dix (10) est l' « espace-temps » (*bɔ̀l*) réservé à son expérience de condition humaine marquée du sceau de la finitude ontologique. Elle est aussi le lieu d'un désir en attente d'un *pyìrh* de plénitude définitif. Le

---

[70] HENRICI Peter, « Les deux sexes : vers un dépassement de l'anthropologie », *in* Communio, Tome XXX, 5-6 n°187-188, Septembre-Décembre 2006, *La différence sexuelle*, p.14

numbyíní vit le *nəbɔ́* (9) de la finitude, le regard et la vie orientés vers le *shíyɔ́* (10) de la plénitude qui comble de bonheur.

À ce niveau traditionnel anthropologique, le proverbe semble viser non d'abord l'éthique, le moral, avec leur connotation religieuse, mais avant tout l'ontologique. D'autant plus que l'Homme traditionnel non converti au Christianisme n'a pas le sens *chrétien* du péché. L'aspect moral, même s'il apparaît second, n'est pas à exclure, car, ayant le sens de la bravoure, de la persévérance, de la vertu, des valeurs, etc., l'Homme traditionnel obéit, plus ou moins, à des règles (*nyə*), à des tabous et interdits (*súsúúli*) ; les transgresser est une faute (*dóó*) à réparer. Il convient, en effet, de ne pas confondre, mais de distinguer, finitude et péché. Mais, sous la forte influence du Christianisme, arrivé au *Lyòló* (pays des *lyəlɔ́*) en 1912 par la Société des Missionnaires d'Afrique appelés communément Pères Blancs, doublée par les efforts remarquables d'inculturation, la ligne de démarcation a été vite franchie, en liturgie surtout, et le proverbe est usité habituellement dans les célébrations pour signifier l'état pécheur du *numbyíní* qui n'est que neuf (9) et non pas dix (10). Le *nəbɔ́* (9) a connu ainsi un glissement de sens vers une lecture chrétienne, avec le risque encouru que le péché commis peut être compris comme normal, puisque l'Homme de fait est neuf (9).

Comment concilier les deux interprétations, la traditionnelle et la chrétienne ? Il vaut mieux assurément garder les deux, car elles ne s'excluent pas, et toutes deux concernent la réalisation de l'Homme. Livré à ses seules forces, la finitude l'empêche de l'atteindre, le péché l'en détourne. De ce point de vue, le proverbe offrirait une ambivalence d'interprétation. Le chiffre neuf (9) aurait alors un sens plus large et symboliserait, dans le régime chrétien, et la finitude et la condition pécheresse, même si l'une n'est pas l'autre. Selon la vision chrétienne, l'être humain, comme créature, est à la fois fini et devenu pécheur. Le symbolisme du chiffre dix (10) serait du coup enrichi pour désigner en termes de plénitude aussi bien l'humanisation achevée que la sainteté parfaite à laquelle l'Homme est appelé. Ainsi le « pyìrh » est l'objectif final ou le projet téléologique, espéré et poursuivi, celui de la plénitude de *tout* l'homme en Dieu.

Le neuf (9) ou le *nǝbɔ́* de l'Homme, en tant que pécheur, traverse toute la Bible : le *nǝbɔ́* d'Adam et Eve qui se solde en chute, le *nǝbɔ́* de Caïn qui tue son unique frère Abel, le *nǝbɔ́* du peuple d'Israël par ses multiples infidélités à Dieu sans cesse renouvelées, le *nǝbɔ́* de Judas qui trahit son Maître, le *nǝbɔ́* de Simon-Pierre qui renie trois fois Jésus, etc. Ce *nǝbɔ́* de l'Homme atteint son paroxysme de manifestation dans la condamnation et la crucifixion de Jésus : bien qu'il ne soit pas « neuf », *nǝbɔ́* (9), pécheur[71], mais « dix », *shíyɔ́* (10), Parfait, Saint, il est mis à mort. Le *nǝbɔ́* de l'Homme, s'il est considéré comme marque du péché, non seulement rend mauvais le cœur humain (*wu*) mais il le rend peu à peu sans vie dans l'Esprit et le conduit à la mort. Xavier Lacroix commentant Ez 36,26 l'exprime si clairement : « ''J'ôterai le cœur de pierre de votre *basar*, et je vous donnerai un cœur de *basar*'' […] C'est que l'être de l'homme est corps et que ce corps est chair. Par suite, il y a contradiction à ce que le centre de cet être soit de nature différente de l'ensemble de l'être […] Le cœur de pierre est moins, ici, le cœur dur ou méchant que le cœur *inerte*[72] », sans vie.

Le *Lyɔ̌l* ne dirait pas « cœur », il dirait plutôt « wu ». Mais qu'entend-il par « wu » ? Étymologiquement, « *wu* » signifie

---

[71] Cf. Préface du Dimanche des Rameux et de la Passion du Christ : « Alors qu'il était innocent, il a voulu souffrir pour les coupables, et sans avoir commis le mal, il s'est laissé juger comme un criminel ».
[72] LACROIX Xavier, *op. cit.*, p. 217.

l'intérieur, l'intériorité, le dedans ; les locatifs « wẽ́, wə/wə » qui en dérivent veulent dire dans, dedans, à l'intérieur de. Le *wu* recouvre un vaste champ sémantique :

« Wu-nyɔ̀ » : joie (intérieur-joie) ; *à wu nyɛ̀* : je suis content, joyeux, gai.

« Wu-pɔ̀ » : pureté (intérieur-blanc) ; *e zə wu-pɔ̀ ǹdə́ lò* : être franc envers quelqu'un.

« Wu-bɔ̀nɔ̀ » : douceur (intérieur-doux) ; *wu bwɛ̀bwɛ̀* : cœur doux, tendre.

« Wu-jɔ̀ » : courage (intérieur-courageux) ; *ń wu bə jɛ̀ yé* : il est sensible, il cède vite.

« Wu-sónó » : bonté (intérieur-amour).

« Wu-cã́gá » : droiture, honnêteté, sincérité (intérieur-droit, non tortueux ou gondolé).

« Wu-pyìrhú » : conversion (intérieur-retournement) ; *ń pyìrhí ń yé yə́* : il détourna son regard ; *ń ká n pyìrhí n bà* : il fit demi-tour et revint ; *ń yɛ̌ pyìrhú* : il sait changer d'avis, dire le contraire.

« Wu-kùlù » : intérieur endurci (intérieur sec, asséché) ; *ń wu w kùlə* : il est constipé.

« Ń wu w kulə » : il est dur.

« Wu-dolo » : intérieur méchant, sans pitié (intérieur acide).

« Wu-bárhé » : intérieur méchant, sans pitié (intérieur-brûlant, très chaud).

« Wu-myĭn » : intérieur très méchant, sans pitié (intérieur-feu).

« Wu-vyìlù / wu zhìlù » : tristesse (intérieur-abîmé).

« Wu-zɛ̌ɛ́ » : inquiétude, crainte, peur (intérieur-levé, soulevé) ; *ń wu zɛ̀* : il a frémi, pris (eu) peur.

« Wun nəlyè » : intérieur double, malhonnête, fourbe, douteux, ce qu'il dit n'est pas ce qu'il pense.

« Ń wu w tèné / ń wu w jé » : il est simple d'esprit, amnésique, perd la mémoire, agit sans réfléchir (son intérieur n'est pas là / son intérieur est perdu, s'est égaré).

« E zə lò wu / e kàm lò wu » : rassurer quelqu'un, l'amener à retrouver la paix (attraper l'intérieur de quelqu'un / saisir en serrant l'intérieur de quelqu'un).

« Ń zhe wu » : il a bon cœur, un cœur de bonté, généreux, large (il a de l'intérieur).

« Ń bə wu zhe » : il est méchant, égoïste, malveillant (il n'a pas d'intérieur).

« Ń wu w n'ô yì » : il a mal au ventre (son intérieur fait mal).

« Ń wu n'ô pyípyíní » : il a mal au ventre (son intérieur se tord).

« Ń wu w n'ô dɔ̀mà » : il a mal au ventre (son intérieur croque, mord).

« Ń wu w n'ô kúrhɔ́ » : il a des gaz (son intérieur pleure).

« À wu pyě ǹdɔ́ mɔ́ » : j'ai confiance en toi (mon intérieur est couché avec toi).

« Ń ló à wɛ́ » : il me dégoûte, j'en ai marre de lui (il est versé dans mon intérieur).

« Ń twərh à wɛ́ » : il me dégoûte, j'en ai marre de lui (il a dégouliné dans mon intérieur).

Ainsi, le « wu » se révèle bien complexe ; il est le lieu de réalités fort variées et contrastées voire contraires. La vie du « wu » est une lutte (*zãã*) entre le bien (*cènè*) et le mal (*lwɛlɛ*) en rivalité. Selon les exemples pris ci-dessus, le « wu » peut être content ou triste ; doux ou dur ; généreux, serviable ou égoïste, indifférent ; sensible ou impitoyable ; bon ou méchant ; droit, sincère, juste ou malhonnête, fourbe, hypocrite ; confiant ou douteux ; responsable ou inconscient ; tranquille, apaisé ou inquiet, apeuré ; en bonne santé ou malade ; aimant ou détestant. Pour une approche anthropologique approfondie, il faudrait mettre « wu » en relation avec « ywɔlɔ́ » (âme), « surhə » (souvent au pluriel : intelligence ; singulier : *surhi*), etc.

Le « wu » se manifeste comme le siège et le centre des sentiments et des pensées, des passions et des penchants, de la volonté et des décisions, de la liberté et de la servilité, de l'affection et de l'amour. Il dit l'état intérieur de l'Homme et ce qu'est l'Homme : « Le Wu, selon Nicolas Bado, est la source de bonté ou de méchanceté de quelqu'un ; il définit une personne individuelle et caractérise l'être humain [...] Le Wu est [...] le principe interne de la personne[73] ». Le *wu* est une composante essentielle et vitale de l'être humain qui le distingue de la bête. L'animal n'a pas de *wu*, au sens fort et plénier du terme. En cela, tout *dedans* n'est pas *wu*. Le *wu* est propre à la personne.

Le *wu* est alors le dedans, l'intériorité ou le centre du corps, c'est-à-dire, de l'Homme. Ainsi, le *wu* peut désigner aussi la faiblesse humaine, peccamineuse. Jésus dénonce le cœur, le *wu*, comme source de péché : « Du cœur en effet procèdent mauvais desseins, meurtres, adultères, débauches, vols, faux témoignages, diffamation » (Mt 15,19). Jésus connaît la faiblesse de ses apôtres : « L'esprit est ardent, mais la chair est faible », leur dit-il (Mt 26,41). Pierre, qui avait déclaré « Même si tous succombent, du moins pas moi ! » (Mc 14,29), le reniera trois fois (Mc 14,66-72). Mais Jésus, « doux (*wu-bɔ̀nɔ̀ cí*) et humble de cœur » (Mt 11,29), livre, sur la croix, son *corps de chair* (cf. Col 1,22) et verse son sang « pour la rémission des péchés » (cf. Prières Eucharistiques à la consécration du vin). Il donne sa vie pour tous les hommes car leurs cœurs portent

---

[73] BADO Nicolas, *L'Église Catholique en détresse au Nord Nuna*, (*Histoire, mémoire, théologie*), Pro manuscripto, Réo, 11 Mars 2000, p 12.

le sceau du *nəbɔ́*, du neuf (9), lui qui est dix, *shíyə́* (10) et non pas neuf (9).

Pour Saint Paul, la chair (le corps) est signe de faiblesse, elle conduit au péché. Ainsi exhorte-t-il les Romains à se conduire avec dignité : « Point de ripailles ni d'orgies, pas de luxure ni de débauche, pas de querelles ni de jalousies […] Ne vous souciez pas de la chair pour en satisfaire les convoitises » (Rm 13,13-14 ; cf. Ga 5,16). Pour Paul, le « vieil-homme », ce « corps de péché » a été crucifié avec le Christ (cf. Rm 6,6). Il recommande alors la vigilance : « Nous vivons *dans* la chair [*en sarki*], évidemment, mais nous ne combattons pas *selon* la chair [*kata sarka*] » (2Co 10,3). Ici, le « *kata sarka* » est opposé à « selon l'Esprit ». Chez Paul, la chair n'a pas toujours bonne réputation.

Si l'Homme (*numbyíní*) est fragile et mortel (*nánfò, shó, bo, bə-kùr-zhe*), s'il connaît la condition de finitude (*yə̀ pyìrh*) et de pécheur (*nəbɔ́, wu* pécheur), quel sort lui est-il réservé ? Quel salut ou quel « remède (*cə́m*) » est-il encore possible ? Le Christ n'est-il pas ce « *cə́m* » inespéré et le médecin efficace (Mt 9,12) ? Dans la quête de réponse, l'onction des malades peut-elle y trouver place ?

3.3. Un corps-remède (*cə́m*)

« Ils [les impies] disent entre eux, dans leurs faux calculs "Courte et triste est notre vie; il n'y a pas de *remède* lors de la fin de l'homme » (Sg 2,1).

En butte à la fragilité et la finitude, le sage traditionnel appelle de tous ses vœux la solidarité (*nyì-dwìì ; e ce dwã né*) et le soutien mutuel (*e kwə́ dwã, e sẽ kúrhǐ*), d'où son proverbe : « *Numbyíní wɔ́ è dõ cɔ́m* », « L'être humain est un remède pour son prochain ». Le mot « cɔ́m » (pluriel : *cɔ́mɘ*) signifie *remède* ou *solution.* « Ń yè cɔ́m ń cìn shulu yilɘ » : il a acheté un produit (remède) pour se soigner. « *Yò w nɔ cɔ́m* » : le problème a été résolu (l'affaire a eu une solution). Cette ambivalence du mot « cɔ́m » suggère une corrélation entre maladie (*címí*) et problème (*yò*). En effet, à un certain degré de gravité, la maladie peut devenir un problème et le problème très sérieux peut rendre malade. L'être humain (*numbyíní*) déclaré comme « cɔ́m », remède ou solution, pour autrui conduit à l'envisager sous un double angle de vue.

Tout d'abord, le *numbyíní* peut être considéré comme un être *malade* (*nɘbwɛ̀*), celui qui souffre d'une maladie (*címí*) et qui a besoin de remède (*cɔ́m*) pour se soigner. Puis, il peut être également perçu comme un être à *problèmes* (*ywèn* ; singulier : *yò*). Il lui faut – comme individu, famille ou société – trouver des solutions adéquates aux problèmes qui se posent. Certes, l'Afrique possède de grandes richesses culturelles, artistiques, linguistiques, économiques, religieuses et elle détient un capital d'humanité important. Sans oublier toutes les autres potentialités. Mais aussi, et malheureusement, elle souffre d'un certain nombre de *maux* (*címsi / ywèn*) : sécheresse, famine, manque d'hygiène, pauvreté, analphabétisme, chômage, maladies (paludisme, sida, méningite…), mortalité infantile, conflits, corruption, népotisme, insécurité, ethnocentrisme, injustices, pouvoir politique par tous les moyens, etc. Cela donne, de ce point de vue, « une image catastrophique de l'Afrique[74] ». Dans un tel contexte hostile et agressif d'épreuves

---

[74] DIARRA Pierre, « Expériences africaines », *in* MESLIN Michel, PROUST ALAIN, TARDAN-MASQUELIER Ysé (sous la direction de), *La quête de guérison, Médecine et religions face à la souffrance*, Éditions Bayard, 2006, p.207.

multiformes, l'Homme vit ou côtoie, quotidiennement, la maladie et la souffrance. Celui-ci voudrait que sa condition humaine soit tout autre, libre de ce cortège sinistre et douloureux.

Outre ces maladies et ces problèmes, imputables ou non à sa responsabilité, l'être humain (*numbyíní*) est en fait malade en lui-même. Il est mal dans sa peau, il a une espèce de sentiment d'insatisfaction perpétuelle qui l'inquiète et le dérange, quelque chose de mystérieux en lui qui le fait souffrir et qui parfois l'angoisse (*yə́-byî́ yɔ̀*)[75]. Son expérience de l'écart et du décalage entre ce qu'il vit secrètement *hic et nunc* et l'idéal qu'il voudrait être lui permet de prendre conscience qu'il est, pour lui-même, un problème (*yɔ̀*). Il s'aperçoit que son mal (*címí*) ne vient pas toujours de l'extérieur, même s'il y est impliqué, mais qu'il est enraciné en lui. La finitude l'habite et le poursuit sans relâche.

La sagesse proclame : « N*umbyíní wɔ́ è dõ cɔ́m* » : « L'Homme est remède et solution pour autrui ». Non pas que l'Homme traditionnel veuille sciemment s'enfermer dans un humanisme sans transcendance, lui qui est tant ouvert au monde invisible des ancêtres, des esprits et de Dieu. Il reconnaît et affirme que son semblable est avant tout son premier secours et réciproquement, que son sort est lié à celui du prochain. Tout seul, l'Homme ne se suffit pas à lui-même, il a besoin d'autrui. Son « cɔ́m » se cache et se dévoile dans la dépendance réciproque, le service mutuel et la solidarité. Bien plus, il a conscience que son « cɔ́m », ce n'est pas d'abord quelque chose, tel un produit médical, mais avant tout quelqu'un : son prochain (*dõ*). C'est ensemble que les Hommes se construisent en tant qu'êtres humains, et c'est ensemble, dans la synergie de pensée, de décision et d'action, qu'ils peuvent relever les graves défis de la condition

---

[75] L'Apôtre Paul parle, lui, d'une écharde en sa chair (cf. 2Co 12,7-7).

humaine, jusque et y compris dans les peines, les souffrances, les déceptions, les échecs, les projets, les espoirs.

Le besoin des autres, pour se réaliser soi-même et réaliser tous ensemble la vocation commune, est à étendre à tous les secteurs de la vie et à toutes les couches sociales. Le *numbyíní* est « cə́m », non d'abord pour lui-même (*cìcì*), mais pour autrui (*dō*) : ce « cə́m » humain est don de soi, entraide, solidarité et partage, sens et souci de l'autre. Les proverbes abondent dans la langue pour exhorter à l'être-ensemble, à l'unité, à la solidarité : « *Jɛ̀ èdù t'ǎ pwà mún yé* », ce qui signifie : « Une seule main ne ramasse pas de la farine » (il faut joindre les deux mains sinon il en restera toujours). Ou : « *Wə̀lə́ gə yele dwã nɛ, nə̀ vwɛ̀mɛ̀ kúrh* » : « Si les moineaux volent groupés ensemble, leurs ailes font du bruit » (tout seul et tout menu qu'il est, on n'entend pas le moineau voler). Il est connu aussi ce dicton : « L'union fait la force ». D'où l'importance que l'Homme traditionnel accorde aux relations interpersonnelles, familiales et sociales. La relation est source de vie et de vivacité et moyen de lutte contre l'isolement déprimant et la mort sociale. L'individualisme est par contre dénoncé: « *Dúdú jú gu yùlú* » : « [l'habitude de] manger seule a tué l'hyène ». Dans les contes, l'hyène, personnalisée, a la mauvaise réputation d'être gourmande et mange sa proie, sans se soucier de madame et de leurs petits. Autrement dit, l'égoïsme tue, le partage fait vivre.

Voilà une anthropologie et une philosophie de la vie (sagesse) qui vont à l'encontre d'une certaine vision de l'Homme et des choses : « L'homme est un loup pour l'homme » ou encore : « *Magnam partem tollo quoniam ego nominor leo* » : « Je prends la grande part car, moi, je me nomme lion ». Cet esprit individualiste du « chacun pour soi » conquiert, petit à petit, mais sûrement, les villages et les villes. Et l'Homme traditionnel est amené à arbitrer en lui le conflit *ego-alter*, alors que l'un pour l'autre devrait être « cɔ́m » (remède et solution).

En foi chrétienne, le Christ est le vrai « cɔ́m », d'abord en tant qu'homme, il est ce « N*umbyíní wɔ́ è dõ cɔ́m* », cet « homme qui est remède et solution pour autrui », puis en tant que Dieu. Cela dit, l'Évangile du Christ n'est pas un corpus de solutions-recettes, toutes faites, disponibles pour résoudre toutes sortes de problèmes. Ce « cɔ́m-là », que le Christ est, est salut et vie, comme don de Dieu (Ep 2,8) et fruit du mystère pascal. Nous reviendrons ultérieurement sur ce salut-vie, mais déjà considérons-le d'abord dans l'attitude de Jésus vis-à-vis des malades, puis dans le Sacrement de l'onction des malades.

3.4. Jésus guérit les corps

Jésus n'est pas resté indifférent à la souffrance humaine. Les évangiles rapportent toutes sortes de guérisons qu'il a faites. Voici quelques exemples où il guérit le corps, c'est-à-dire, la personne malade :

Le né-aveugle, des *yeux* qui ne voient pas depuis la naissance (Jn 9,1.6-7).

Les dix lépreux, leurs *corps* avilis par la lèpre (Lc 17,12-14).

La belle-mère de Simon alitée, le *corps* atteint de fièvre (Mt 8,14-15).

Le Gérasénien terriblement possédé, le *corps* pris en otage par une légion de démons (Lc 8,26-33).

La femme atteinte d'hémorroïdes, le *corps* perd son *sang* depuis douze ans, la situation allant de mal en pis malgré les nombreux soins des médecins (Mc 5,25-29a) ; heureusement, « elle sentit dans son *corps* qu'elle était guérie de son infirmité » (Mc 5,29b).

Parfois, Jésus guérit *le corps par son corps*. En effet, dans certaines guérisons qu'il opère, il utilise physiquement son corps, en appui à sa parole ou à sa prière que son Père exauce. C'est le cas dans la guérison du sourd-bègue (Mc 7,32-35) : le geste que l'on demande à Jésus de faire est corporel : « imposer la main ». Mais si Jésus, apparemment, ne fait pas d'imposition de main, il garde cependant le cadre corporel et met à contribution son propre corps il « touche » les parties corporelles malades, c'est-à-dire les « oreilles » et la « langue » du sourd-bègue ; il utilise ses « doigts » et sa « salive » ; il lève les « yeux » au ciel pour prier, il « pousse un gémissement », il « parle », donc utilise la bouche : « *Ephatha* [ouvre-toi] ». Et les oreilles du sourd-bègue de s'ouvrir et sa langue de se dénouer. Chez les Hébreux, l'Homme au corps lépreux, déclaré impur, était exclu du corps social[76]. Un lépreux à genoux supplie Jésus : « Si tu veux, tu peux me purifier » ; Jésus allie le geste à la parole : il étend « la main », le « toucha » et lui « dit » (la bouche intervient) : « Je le veux, sois purifié ». Aussitôt, le lépreux fut purifié (cf. Mc 1,40-42). Le corps de Jésus étant lui-même thérapeutique et curatif, ce qui touche ce corps l'est

---

[76] Lv 13,45-46 : « Le lépreux atteint de ce mal portera ses vêtements déchirés et ses cheveux dénoués ; il se couvrira la moustache et criera : ''Impur ! Impur !''. Tant que durera son mal, il sera impur et, étant impur, il demeurera à l'écart : sa demeure sera hors du camp. ». Mais si le prêtre constate sa guérison et accomplit le sacrifice de purification selon la prescription prévue dans la Loi, le malade guéri et purifié pourra réintégrer la communauté (cf. Lv 14,2-9).

également, tel le vêtement[77] de Jésus. Voici un corps qui ne supporte pas qu'un autre corps souffre.

Même le *corps mort*, Jésus le ramène à la vie : à la fillette (12 ans) de Jaïre, chef de synagogue (Mc 5, 22-23. 35-42) : « "*Talitha koum* [Fillette, debout] !" ; aussitôt la fille se leva » (v. 41-42). À son ami Lazare déjà inhumé (Jn 11, 39-44) : « "Lazare, viens dehors !" Le mort sortit » (v. 43-44). Le fils unique de la veuve de le la ville de Naïm, que l'on portait pour aller enterrer : « En la voyant, le Seigneur eut pitié d'elle et lui dit : " Ne pleure pas." Puis, s'approchant, il *toucha* le cercueil, et les porteurs s'arrêtèrent. Et il dit : "Jeune homme, je te le dis, lève-toi." Le mort se dressa sur son séant et se mit à parler. Et il le remit à sa mère. » (Lc 7,13-16).

Jésus n'est pas, purement et simplement, un thaumaturge, un faiseur de miracles, un guérisseur. Non ! Les signes et prodiges qu'il accomplit, les exorcismes et guérisons psychosomatiques qu'il opère, ont un double but : d'une part, révéler qui il est véritablement (son identité et sa mission), d'autre part, annoncer que les temps nouveaux ont déjà commencé, que le Règne de Dieu est arrivé, c'est le moment (*kairos*) du salut. Ils sont signes de la présence du Règne de Dieu inauguré dans et par Jésus, et partant, témoignent que ce Jésus est le Fils de Dieu et non pas seulement l'homme (*vir, bal*) de Nazareth.

En guérissant les malades, Jésus est attentif à soigner *tout* l'Homme, et à révéler ainsi l'intégralité de l'être humain, qui est corps, cœur, esprit, âme, pensée, intelligence. Cependant, contrairement à la mentalité de naguère, Jésus ne met pas un lien de cause à effet entre la maladie et le péché : « Ni lui ni ses parents

---

[77] Mc 5, 27-29 : « Venant par derrière dans la foule, elle [la femme] toucha son *manteau*. Car elle se disait : "si je touche au moins ses *vêtements*, je serai sauvée". Et aussitôt la source d'où elle perdait le sang fut tarie ».

n'ont péché » (Jn 9,3), répond Jésus à ses disciples au sujet du cas de l'homme né aveugle (cf. Jn 9,2). Par tous ces signes, Jésus annonce les temps nouveaux (Mc 1,15), la venue du Royaume de Dieu (Mt 12,28 ; Lc 8,1 ; Jn 4,48). Il donne puissance et pouvoir aux Douze (les Apôtres) et les envoie « proclamer le Royaume de Dieu et faire des guérisons » (Lc 9,2). Là, est fortement souligné le lien étroit qui existe entre annoncer la Bonne Nouvelle du Royaume et opérer des guérisons, des guérisons qui touchent tout l'être. En se référant à la pensée dualiste corps/âme, il n'y a pas que l'âme à sauver mais aussi le corps. En cela, la *cura animarum* (soin des âmes) fait corps avec la *cura corporum* (soin des corps). Le souci des malades, l'Église, Corps du Christ, le porte. Le service des malades est partie intégrante de sa pastorale missionnaire. À la suite du Bon Pasteur qui donne sa vie pour ses brebis (cf. Jn 10,11), l'Église prend soin des brebis du Seigneur qui lui sont confiées : fortifier la brebis chétive, soigner celle qui est malade, panser celle qui est blessée, ramener celle qui est égarée, chercher celle qui est perdue (cf. Ez 34,4). C'est dans ce sens qu'elle administre, au nom du Christ, l'onction sacramentelle aux malades.

3.5. L'onction des malades

Les salutations situent déjà l'importance accordée à la bonne santé : « *Jàn ŋwéné* ? » : ça va ? (Est-ce qu'il y a la force (santé)? « *Ǹ jɛ̀*? » : tu te portes bien ? (Comment vas-tu ?) « *Á jɛ̀*? » : Comment allez-vous ? « Jàn » signifie force, santé. Celles-ci vont ensemble. Celui qui n'a pas la santé (le malade) n'est pas fort (il est faible).

Comme dit Anselme Sanon : « Vie et santé sont au cœur des préoccupations des Africains, constituent la valeur capitale[78] ». Le *Lyǝ̆l* – l'Africain en général – est si amoureux de la vie qu'il est prêt à tout sacrifier pour lutter contre la maladie en vue de recouvrer la santé et vivre[79]. En cela, « La douleur (ou la souffrance) semble constituer ce sentiment d'entrave à la vie[80] ». Pour l'Homme traditionnel, le salut est principalement santé, *hic et nunc*, comme « signe de bénédiction et délivrance du mal qui rôde autour de l'humanité[81] », puis, *in fine*, vie avec les ancêtres au *cúlú* (séjour des défunts).

La notion de maladie est très complexe en milieu traditionnel. Il y a toujours une cause première. Le malade peut se sentir victime d'un empoisonnement, d'un mauvais sort, d'un envoûtement, d'une malédiction. Telle personne estimée méchante et/ou jalouse, envieuse, sera accusée. Parfois, le malade, ou l'un des siens ou un ami, cherchera à se venger d'elle, de bien de manières. Il peut aussi se sentir coupable d'avoir transgressé telle prescription (*nyí*) ou tel interdit ou tabou (*súsúlú*) ; il vit alors sa maladie comme une punition des Puissances tutélaires ou un châtiment des ancêtres, voire

---

[78] SANON Anselme Titianma, cité par DIARRA Pierre, Article, *in* Michel MESLIN, Alain PROUST, Ysé TARDAN-MASQUELIER (sous la direction de). *La quête de guérison. Médecine et religions face à la souffrance*, p. 208.

[79] « Lúwó wò bɔ̀ wó myè-èdɔlɔ è wó cèlè » : « La perdrix a dit que c'est la longévité qui permet de pondre l'œuf ». La perdrix s'envole en voyant les chasseurs arriver sur elle, en se disant que si elle a la vie sauve elle pourra pondre des œufs. Ici, l'œuf peut être entendu comme postérité et prospérité. Pour avoir une longue vie, il faut avoir d'abord la santé solide, résistante.

[80] DIARRA Pierre, Article, *in* Michel MESLIN, Alain PROUST, Ysé TARDAN-MASQUELIER (sous la direction de), *La quête de guérison. Médecine et religions face à la souffrance*, p. 209.

[81] SOMBEL SARR Benjamin, *Sorcellerie et univers religieux chrétien en Afrique*, Éditions L'Harmattan, Paris, 2008, p. 121.

comme une fatalité dans les cas graves, incurables. Dans une telle mentalité, il n'est pas facile de soigner le malade en tenant compte de ses croyances et de sa culture. Le psychologique aussi a une influence importante dans le traitement du malade. Benjamin Sombel Sarr relève l'importance de la dimension relationnelle dans l'approche des systèmes médicaux africains traditionnels : « La maladie n'est pas seulement un dysfonctionnement biologique. Il s'agit d'une rupture d'équilibre entre l'individu, son milieu social et le cosmos[82] ».

Très souvent, dans les situations de maladie ou de souffrance, la solidarité s'organise (dons en espèces ou en nature ; visites ; souhaits de guérison ; consultation des devins-guérisseurs ; recherche de « cóm », produit médicamenteux ; etc.). Le sage traditionnel ne dit-il pas : « Yírh t'â kúrh ǹdɔ́ myɛ̌l zhǐ yé », ce qui se traduit littéralement : « L'œil ne pleure pas tandis que le nez est arrêté (reste indifférent) » ; mais celui-ci participe en pleurant également. C'est vrai : quand on pleure, la morve coule aussi, on se mouche souvent. La réciproque se vérifie également : quand on est bien enrhumé, lorsque l'on se mouche avec insistance, il y a parfois quelques larmes aux yeux. Tout cela, parce l'œil et le nez sont intimement liés. Histoire de bon voisinage ! Autrement dit, dans le malheur, il faut compatir (*cum pati*), souffrir avec.

L'Église, quant à elle, propose, en plus de toute l'action humaine et caritative des communautés, l'onction sacramentelle des malades. Lors de la célébration, le prêtre fait une onction avec l'huile des malades sur le front et les mains du malade en disant :

« N, par cette onction sainte, que le Seigneur en sa grande bonté, vous réconforte par la grâce de son Esprit Saint. R. Amen.

---

[82] SOMBEL SARR Benjamin, *op. cit.*, p. 51.

Aussi vous ayant libéré de tous vos péchés, qu'il vous sauve et vous relève[83]. R. Amen ».

Le petit commentaire qui suit n'apporte que quelques éléments de compréhension de ces deux paroles sacramentelles :

1- La partie dit le tout. Le ministre fait l'onction sur *le front* et *les mains* du malade. Il aurait été intéressant de développer, selon la vision en milieu traditionnel, le symbolisme des parties ointes. Soulignons cependant quelques aspects. Le front (*cíl*) symbolise l'intelligence (*surhə*), les mains (*jèrh*) le travail (*tum*), le fruit du travail (*jẽ̂ kɔna*). On peut oindre aussi la poitrine *(nə̀bán)* et les pieds (*nə̀rh*) en complément : le *Lyə̆l* frappe sa poitrine (*n pəpa ń nə̀bán*) pour montrer sa force (*jàn*) ou désigner son *ego égotique* (*àmyέ cìcì*) ; il la bombe (*n nyèlè ń nə̀bán*) pour exprimer sa satisfaction (en cas de louanges, réussite, bonne nouvelle), son orgueil (démonstration de puissance, quête de renommée) ou son énervement (provocation, défi). Les pieds renvoient à la marche (*zhəl*), au voyage (*sómá zhəl*), aux lieux fréquentés (*nə̀-zhə̀lsé*). Toutes ces parties du corps font office de métonymie, chacune désignant l'ensemble du corps. De la tête aux pieds, en passant par la poitrine et les mains, c'est *tout* le corps qui est ainsi oint, le corps *extérieur*, visible, renvoyant au corps *intérieur* ou *dedans*, invisible (*wu*).

---

[83] Cette formule se réfère à plusieurs passages surtout du Nouveau Testament et particulièrement aux recommandations de l'Apôtre Jacques : « Quelqu'un parmi vous est-il *malade* ? Qu'il appelle les *presbytres* de l'Église et qu'ils prient sur lui après l'avoir *oint d'huile* au nom du *Seigneur*. La prière de la foi *sauvera* le patient et le Seigneur le *relèvera*. S'il a commis des *péchés*, ils lui seront *remis*. Confessez donc vos péchés les uns aux autres et priez les uns pour les autres, afin que vous soyez *guéris* » (Jc 5,14-16) [Je souligne par l'italique].

2. Le prêtre, ministre du sacrement, agit au nom du Christ et de l'Église. Il n'est pas un « devin-guérisseur » (*jə̀-péré cə́bal, vùrbal*). Certes, le devin-guérisseur est considéré comme un intermédiaire entre le monde visible et celui de l'invisible, et donc investi d'un pouvoir. Mais, on le sait, il pose un geste religieux extérieur, qui n'engage pas sa vie, même si parfois il peut se sentir en péril. Le Christ, lui, donne sa vie pour ses brebis (cf. Jn 10,11) ; l'offrande de sa personne exaucée par son Père rend efficace sa médiation entre Dieu et les Hommes. Le prêtre *re-présente*, rend présent, le Christ qui a donné sa vie en signe d'amour suprême (Jn 15,13) ; il est le ministre-serviteur, investi de la puissance de l'Esprit Saint, pour témoigner de l'amour miséricordieux du Christ au malade.

3. « *Que le Seigneur…* » : En pratiquant l'onction, le prêtre confesse, en union avec le malade, le Christ comme *Seigneur* (cf. Ph 2,10-11), et partant, comme *Dieu*, le nom de Seigneur étant réservé à Dieu seul. Il est le Seigneur des Puissances célestes et terrestres, des Puissances tutélaires de la nature et du terroir (Marigots, Montagnes, Arbres et autres) auxquelles l'Homme traditionnel a recours par le devin-guérisseur.

4. « *En sa grande bonté* » : Dieu peut être dit « Zhe-wu cí Yi », c'est-à-dire Dieu dont le « wu » n'est que bonté, tendresse, miséricorde, bienveillance. Cette bonté est à l'œuvre dans l'onction administrée. Jésus reprend les Pharisiens qui lui reprochent de manger avec les Publicains et les pécheurs, en citant Osée 6,6 : « C'est la miséricorde que je veux, et non le sacrifice » (Mt 9,13). Bonté, compassion et culte *intérieur*, celui du « wu », valent mieux que les sacrifices de communion et les holocaustes. Ce « wu-bonté » a conduit Jésus jusqu'au sacrifice de la croix. Désormais, plus besoin de sacrifices sanglants ou de divination religieuse à la manière traditionnelle pour avoir protection, santé, postérité, prospérité, travail et autres faveurs. L'unique sacrifice du Christ suffit : « En entrant dans le monde, le Christ dit : Tu [Dieu Père] n'as voulu ni sacrifice ni oblation ; mais tu m'as façonné un *corps* […] Alors, j'ai dit : Voici, je viens […] pour faire, ô Dieu, ta volonté » (He 10,5.7). « Et c'est en vertu de cette volonté [du Père] que nous sommes sanctifiés par l'*oblation du corps* de Jésus Christ, une fois pour toutes » (He 10,10). En outre, cette bonté miséricordieuse de Dieu est gratuite, désintéressée. Dieu agit parce qu'il est bon, parce qu'il aime. Beaucoup de gens s'improvisent devins-guérisseurs, ou profitent des opportunités pour l'être, afin d'y trouver de quoi vivre. C'est leur gagne-pain. Certains Chrétiens retournés à ces pratiques osent l'avouer, en fin de vie – dommage que ce ne soit plus tôt –, et demander pardon. Nos communautés humaines et chrétiennes africaines seraient exorcisées de la peur, du moins dans ce domaine de la maladie, si les produits de la pharmacopée, disponibles dans la nature, étaient accessibles sans toutes ces pratiques mystérieuses et mystifiantes, religieuses ou non, qui constituent tout un cérémonial d'acquisition.

5. « *Vous réconforte par la grâce de son Esprit Saint* » : le premier don du sacrement de l'onction des malades est le réconfort par le don de l'Esprit Saint. Dieu ne laisse jamais l'Homme seul dans sa souffrance, peinant et ployé sous le joug du fardeau (cf. Mt 11,28) de la maladie. Au contraire, il sait rejoindre le malade dans son cri de souffrance et de douleur. « *La grâce de son Esprit* » que celui-ci reçoit lui donne la force de lutter contre toutes les forces intérieures et puissances extérieures qui peuvent l'empêcher de s'ouvrir à l'amour miséricordieux et salvifique de Dieu.

En *Iyèlé*, le même mot « nəbwẽ » signifie à la fois *malade* et *faible*. De même, le terme latin : « infirmus ». D'où « Unctio infirmorum »

(Onction des malades) ou « Oleum infirmorum » (Huile des malades). En effet, quand on est malade, on est en même temps faible, sans force, anémié parfois. En témoigne l'état physique et psychologique des malades atteints d'une forte crise de paludisme. Dans les cas aussi de grossesse, la femme est dite *nə̀bwɛ̀*, faible, car son état ne lui permet pas, en principe, de faire de durs travaux qui exigent beaucoup d'énergie physique. Le sacrement des malades concerne alors non seulement les baptisées malades mais aussi les baptisés qui sentent leur force décliner, s'affaiblir, quelque soit le niveau concerné : physique (tel que le vieillissement), psychologique (en proie à des angoisses, à l'anxiété, à la déprime), spirituel (exemple : menace sérieuse de syncrétisme, d'apostasie ou d'athéisme).

Par l'onction, l'Esprit Saint vient, dans cette *épreuve* (*thlipsis*) psycho-somatique et spirituelle, *réconforter* (*parakaleô*) le malade. Ce verbe peut être décomposé ainsi : « ré-con-forter », c'est-à-dire, « donner-à-nouveau-force-avec ». Avec l'Esprit de Force (*dunamis* : Ac 1,8), le malade est rendu fort. L'Esprit est le Paraclet (*paraklètos*), autrement dit, Celui qui se tient à côté, comme un avocat (*advocatus*), pour réconforter, consoler, défendre (Jn 14,16.26 ; 15,26). Tel le secours apporté au serviteur souffrant : « Ne crains pas car je suis *avec* toi, ne te laisse pas émouvoir car je suis ton Dieu ; je t'ai *fortifié* et je t'ai aidé, je t'ai *soutenu* de ma droite justicière » (Is 41,10). Aussi, Saint Paul, accablé d'épreuves et faisant corps avec les Chrétiens de Corinthe dans la tribulation, peut-il rendre grâce : « Béni soit le Dieu et Père de notre *Seigneur* Jésus Christ, le Père des *miséricordes* (*oiktirmôn*) et le Dieu de tout *réconfort* (*paraklèseôs*) qui nous *réconforte* (*parakalôn*) en toute notre *épreuve* (*thlipsei*) » (2Co 1,3-4a). Remarquons les mots « Seigneur, miséricorde [cf. bonté], réconforter » que l'on retrouve dans la formule de l'onction sacramentelle des malades. Les circonstances sont différentes, certes, mais l'épreuve est de fait, le réconfort également.

6. « *Aussi vous ayant libéré de tous vos péchés* … » : sans négliger la gravité de la maladie ni écarter la possibilité d'une mort plus ou moins proche, la deuxième partie de la parole sacramentelle de l'onction met en avant la libération des péchés. L'attention est portée sur le *corps* (l'homme) *pécheur*. L'Esprit reçu est Saint (« par la grâce de son Esprit *Saint* »), autrement dit, l'Esprit de la rémission des péchés. La parole du sacrement de la réconciliation peut être évoquée ici : « Que Dieu notre Père vous montre sa *miséricorde*. Par la mort et la résurrection [*mystère pascal*] de son Fils, il a réconcilié le monde avec lui et il a envoyé son *Esprit Saint* pour la *rémission des péchés…* ». Il est donc juste et bon que les deux sacrements soient donnés ensemble, celui de la réconciliation précédant celui de l'onction.

Ce qui est prioritaire dans l'onction des malades, c'est la libération intérieure, spirituelle, celle, selon l'anthropologie *Iyǎl*, du « wu », l'*intérieur* du corps, le *dedans* de l'homme. Il s'agit de libérer ce « wu » méchant, jaloux, dur, malhonnête, double, mauvais, somme toute « pécheur » dirions-nous en régime chrétien. La guérison intérieure du malade, par l'onction sacramentelle, le rend libre : libre des blocages et fermetures intérieures, des préjugés et non-dits, des accusations si fréquentes en milieu traditionnel, libre du péché qui éloigne de Dieu, libre aussi face à la vérité dans la situation de maladie et de souffrance, libre pour s'abandonner totalement à la volonté du Père, à la suite et à l'exemple de Jésus en agonie. Par-delà la tentation : « Mon Père, s'il est possible que cette coupe passe loin de moi », Jésus se remet dans les mains du Père : « cependant, non pas comme je veux, mais comme tu veux » (Mt 26,39).

7. « *Qu'il vous sauve et vous relève* » : cette libération du « wu », de l'intérieur, est déjà *salut* (*cìn-neré*). Reçue avec foi, l'onction peut conduire à une réelle *metanoia* (conversion) : se détourner du mal pour se tourner vers le Seigneur et entrer en communion avec lui. Jean-Claude Sagne écrit que « C'est la conversion [...] qui nous dispose à la guérison, fruit et signe du salut[84] ». En effet, par la libération de ses péchés, le malade s'unit davantage au Christ dans son mystère pascal de passion-mort-résurrection. Il vit, avec le Christ, sa Pâque de baptisé, qui est celle du Christ. La guérison psychosomatique se révèle alors non comme une fin en soi à rechercher par tous les moyens, mais, quand elle a lieu, elle est une grâce[85] qui accompagne la guérison intérieure. Une guérison centrifuge, qui, à partir du « wu » guéri, rayonne et se généralise dans tout le corps, manifestant ainsi l'unité de celui-ci.

Le verbe « relever », *egeirein* en grec, utilisé en Jc 5,15 et dans la formule de l'onction appartient au vocabulaire de la résurrection : Marc, Mathieu et Luc emploient ce verbe « *résurrectif* » dans le récit du tombeau vide pour proclamer que Jésus « est ressuscité [ègerthè][86] » (Mc 16,6 ; Mt 28,6; Lc 24,6). Dans le texte de Marc, dès le début de son ministère – je l'interprète ainsi – Jésus, par la guérison du paralytique, annonce déjà sa propre résurrection en

---

[84] SAGNE Jean-Claude, *Les sacrements de la miséricorde, Tome III, La réconciliation et l'onction des malades*, Éditions Médiaspaul, Paris 2008, p. 149.

[85] « Le risque est toujours de se centrer sur la maladie [...] et donc de se centrer aussi sur la demande de guérison en termes tout à fait individualistes [...] Or, aussi bien au plan humain qu'au plan spirituel, la guérison ne peut jamais être obtenu quand elle est poursuivie pour elle-même : la guérison est toujours donnée comme par surcroît » (SAGNE Jean-Claude, *op. cit.*, p. 148.

[86] Mc 16,6 : « C'est Jésus le Nazarénien que vous cherchez, le Crucifié : il est ressuscité [ègerthè] »

utilisant le verbe *egeirein* qui veut dire se lever, se réveiller, quitter le sommeil : « Lève-toi [*egeire*] » (Mc 2,11), lui ordonna-t-il. Et le paralytique « se leva [*ègerthè*] » (Mc 2,12). Lors de l'onction, le prêtre dit au malade : « Qu'il vous relève » : « relever », remettre debout, quitter la position horizontale de sommeil, de mort. On pourrait l'écrire aussi « re-lever », lever une seconde fois, lever à nouveau. Tous ces sens se rejoignent. Voyant la foi des quatre porteurs (Mc 2,5a), Jésus fait *lever,* met debout, le paralytique une première fois, dans un mouvement intérieur, celui de la guérison spirituelle (« Tes péchés sont remis » Mc 2,5b) : puis il lui ordonne de se *lever* à nouveau, dans un mouvement physique, celui de la guérison psychosomatique (« Lève-toi, prends ton grabat et va-t-en chez toi » Mc 2,11 ; cf. v.9). De même, dans l'onction sacramentelle, le malade, dans la foi au Christ *ressuscité* (*ègerthè*), peut faire l'expérience de ce double mouvement de *relèvement.* L'acte résurrectif qui est souhaité au malade (« *Qu'il vous sauve et vous relève* ») est un acte créateur du Christ ressuscité. Celui qui est « sauvé » et « relevé » est recréé, rendu nouveau. Vécue dans une grande foi au Christ sauveur, l'onction des malades recrée les malades pour leur donner de vivre selon l'Esprit du ressuscité.

3.6. Un corps recréé

Chemin faisant, le corps-unité, symbole de la totalité de l'être humain, s'est livré comme corps fini, faible, pécheur, mortel, en espérance de salut et de vie. « Le corps est aussi contingence. J'y expérimente la dissociation méditée tant de fois par Paul et par Augustin : mon corps est le lieu des désirs comme des tentations. J'y suis marqué de vulnérabilité, d'infirmités parfois, de mort certainement […] Pour le christianisme, le corps est le lieu (ou le chantier) d'un travail, au plus intime[87] », celui d'une *rédemption*. La fin de cette troisième partie du travail voudrait souligner la fidélité de Dieu à sa créature, l'Homme. Par son incarnation (et surtout par sa mort-résurrection), Jésus recrée le corps.

Contrairement au manichéisme, la création est bonne. Au commencement, Dieu, en créant l'Homme à son image, créa le corps, mais un corps *immaculé*, sans tache, irréprochable et libre (cf. Gn 1,26-27 ; 2,7.18.23)). L'exercice de cette liberté, manipulée par la ruse du diable, a conduit le corps originel et originaire à connaître la condition pénible et pécheresse comme conséquence de la chute (Gn 3). Mais Dieu ne peut laisser son ami, l'homme, connaître la corruption du corps (cf. Ps 16,10).

Porphyre s'élève contre les Chrétiens à propos de l'incarnation, pour lui incompréhensible et inacceptable : « Comment admettre que le divin soit devenu embryon, qu'après sa naissance, il ait été enveloppé de langes, tout sali de sang, de bile, et pis encore ?[88] » Dieu, en faisant le choix de l'incarnation, de venir à l'Homme par la chair (*sarx*), c'est comme s'il disait, en référence à sa première création : « Faisons *de nouveau* l'Homme à notre image et à notre ressemblance » (cf. Gn 1,26). Dieu reste fidèle à son acte créateur. Ce nouveau « *Et Dieu dit* » dont l'annonce est faite à Marie par l'Ange Gabriel (cf. Lc 1,31) se réalise pour son Fils dans la condition corporelle, humaine (Jn 1,14), exempte de péché. Nous avons déjà vu

---

[87] REIJNEN Anne Marie, Article, *in* GESCHÉ Adolphe, Article, *in* GESCHÉ A. et SCOLAS P. (sous la direction de), *Le corps, chemin de Dieu*, p. 212.

[88] PORPHYRE, *Contre les chrétiens*, fragment 77, Éditions Adolf von Harnack, *Gegen die christen*, Académie royale, 1916, cité par REIJNEN Anne Marie, Article, *in* GESCHÉ A. et SCOLAS P. (sous la direction de), *Le corps, chemin de Dieu*, p. 208.

que ce corps de Jésus est singulier et original. Ce nouvel acte divin créateur signifie que l'incarnation est re-création. Et c'est l'Homme et tout l'Homme qui est devenu nouveau en Jésus. Joseph Famerée dit à ce sujet : « ''Dieu s'est fait homme pour que l'homme devienne dieu'' aimaient dire les Pères grecs notamment. L'incarnation est déjà, à leurs yeux, ''la divinisation'', ''la déification'' de l'humanité corporelle : le contact intime du Fils de Dieu avec l'humanité, la divinise, la transforme, la transfigure déjà de l'intérieur (avant même la résurrection en quelque sorte)[89] ».

Revenons à l'Homme traditionnel. Marqué par la finitude et la faiblesse humaine, face aux multiples difficultés de la vie et aspirant à un devenir meilleur de santé, de paix et de prospérité, il se montre dépendant des Ancêtres, des Forces de la nature, des Puissances tutélaires et du Tout-puissant, l'Être Suprême (*Yi*). Le monde traditionnel est un *corps religieux*, estimé salutaire. Le *tradi-chrétien*[90] est appelé à passer de ce monde de survie, à la vie plénière en Jésus-Christ.

---

[89] FAMERÉE Joseph, Article, *in* GESCHÉ A. et SCOLAS P. (sous la direction de), *Le corps, chemin de Dieu*, p. 26.

[90] Il est préférable d'appeler « tradi-chrétien » que « pagano-chrétien », le baptisé qui vient du milieu traditionnel ou de la religion traditionnelle. Le terme « païen » a été chargé de sens péjoratif (opposé à chrétien), éloigné de son sens premier « paysan » (*paganus* : de la campagne, du pays, du bourg, bourgeois, civil). Traditionnel ici n'est pas à confondre avec la tendance traditionaliste de l'Église.

Chapitre 4
De la survie à la Vie

4.1. Un corps religieux

Dans l'expression « corps religieux », l'adjectif « religieux » est pris ici dans son double sens étymologique : l'Homme traditionnel est « relié » (*religare*), comme être *relationnel*, au monde visible et invisible, aux Puissances, aux Ancêtres, à l'Être Suprême et, à leur égard, il « recueille, relit et pratique » (*religere*) les rites et prescriptions, les us et coutumes, avec bien souvent une attention scrupuleuse, afin d'avoir la vie sauve, paisible, bénie et réussie.

Selon la croyance traditionnelle, il existe toutes sortes de Puissances, d'esprits personnifiés et de génies qui habitent l'environnement, les éléments de la nature, à tel point que certains, malheureusement, confondent « religions traditionnelles » et « animisme » où tout est *animé*, a une *âme* (*anima*). L'objectif poursuivi ici n'est pas d'identifier ces Forces « numineuses » et mystérieuses, ou de les décrire, mais de montrer le rôle et l'influence qui leur sont attribués dans la dation du prénom et dans la vie des personnes dites sous leur domination. Puis, de voir quel rapport l'Homme traditionnel entretient avec Dieu (*Yi*), et enfin, comment le Nom « Jésus-Christ » est d'une importance vitale dans un tel contexte religieux bien complexe.

4.1.1. La dation du prénom (*yil co*)

« Yil t'â ce nánfò yé » : « Le prénom ne se donne pas sans motif ». Il a toujours un sens. Fondamentalement, pour l'Homme traditionnel, le prénom est vie. Et il n'est jamais donné sans référence à l'expérience personnelle et communautaire de la vie. Jules Ndo précise quelques modalités de l'imposition du prénom : « En général, ce rite se fait le quatrième jour après la naissance, pour une fille, et le troisième jour pour le garçon. La présence du grand-père et de la grand-mère est requise. L'un et l'autre sont habilités à donner un nom à l'enfant. Le nom n'est jamais donné d'une manière arbitraire. Il est attribué en fonction des événements vécus par la famille, des valeurs exaltées par la société et des lieux, etc[91] ». Le prénom est un lien, une relation, un message, une vision de la vie, une communication d'expérience existentielle : toujours, il se rapporte à, fait référence ou allusion à, donne de se souvenir de. Il y a différents types de prénoms, mais nous ne retenons que les prénoms théophores.

Dans son énonciation, le prénom, sauf dans les cas de neutralité, obéit au genre. Par exemple : « Bəbŭ / Obŭ » pour l'homme ; le « Bə », ou le « O » plus facile à prononcer, est la marque du masculin, « bal » ; et « bŭ » désigne le marigot, la rivière ou le ruisseau. La femme est appelée alors « Ebŭ » ; le « E » se rapporte à la femme, « kẽ ». Il est des prénoms à la fois masculins et féminins, c'est-à-dire invariables ou neutres, tels que « Ékúlú », « Épyìlú », Làlé », « Lyȇwȇ », Nəbɔ̃, « Nɔ̀cílú ». Certains prénoms suivent une règle de formation. Pour la formuler, empruntons le symbole de l'étoile (*) comme symbole indiquant le radical prénominal. Ces

---
[91] NDO Jules, *op. cit.*, p.17.

prénoms dérivent de leur radical prénominal de la manière suivante : « *byě », «* mă » et « *bwéé », les deux premiers étant interchangeables selon l'ordre de dation suivi. Ce radical commun à tous ces prénoms est la trace ou l'indice de leur *origine* commune. Voici quelques exemples de suites prénominales :

Homme : Opyɔ̀, Pyɔ̀byě, Pyɔ̀mă, Pyɔ̀bwéé (« pyɔ̀ » : montagne, étant le radical prénominal).

Femme : Epyɔ̀, Epyɔ̀mă, Epyɔ̀*byě*, Epyɔ̀bwéé.

La forge (*lălyí*), étant une Puissance d'intercession (*tɔ̀mɔ̀ tu*) possède une suite de prénoms plus longue. Elle est si importante, la Forge, en milieu traditionnel, que même ses composantes (*cɔ̀bɔ́, shɛ̀̃, shà, shər*) interviennent dans la formation des prénoms qui lui sont liés :

Homme : Olyí, Olyíbyě, Ocèé, Oshɛ̀̃, Oshàmă, Oshàbwéé, Oshə́r.

Femme : Elyí, Elyíbyě, Ecèé, Eshɛ̀̃, Eshàmă, Eshàbwéé, Eshə́r.

4.1.1.1. Classification des prénoms

Les prénoms peuvent être classés selon des critères qui restent à définir. La classification suivante est une proposition, avec quelques exemples seulement, car des prénoms, il y en a.

a. Prénoms liés aux lieux : « Oya / Eya » : *ya,* le marché. La mère a accouché de son enfant le jour du marché ou, ce qui est rare, au marché. « Nɔ̀bõ (prénom masculin ou féminin) » : *nɔbõ,* chez les oncles maternels. L'enfant y est né.

b. Prénoms liés au temps des récoltes : « Ofɔ̀ / Efɔ̀ » : *fɔ̀,* temps des récoltes. L'enfant est né au moment des récoltes. « Obɔ̌ / Ebɔ̌ » :

bɔ̌, le sorgho rouge. L'enfant est né pendant la récolte du sorgho rouge.

c. Prénoms porteurs de chance : tomber par hasard en brousse sur certaines bêtes (ou plantes) est porte-bonheur. « Okwɔ́rh / Ekwɔ́rh » : *kwɔ́rh,* varan. Lorsque l'homme ou la femme rencontre un varan en brousse, c'est une chance de fécondité pour lui, pour elle. L'enfant qui naîtra du couple portera le nom de l'animal. « Olwà / Elwà », de *gómə́lwà,* caméléon. Voir des caméléons accouplés (*sə̀ pyèlé dwã yő*) est une chance. Leur attitude est recherche de postérité. Si l'heureux ou l'heureuse qui les a aperçus dans cette position obtient un enfant, celui-ci porte le nom de cet animal.

d. Prénoms liés à la grossesse : « Omwɔ́ / Emwɔ́ » : la mère est tombée enceinte sans avoir eu au préalable ses règles (*ǹdɔ́ ń yè ń cànà nɛ yé, ǹdɔ́ ń yè yó twi yé*). L'enfant de cette grossesse portera le nom de ce fait lié au cycle menstruel de la mère. « Onyíní / Enyíní » : *nyíní,* corde. Quand une femme perd son enfant, elle porte autour de ses reins, en signe de deuil et de tristesse, une corde fine (*shəpwa nyíní*). Celle-ci tombe toute seule, suite à l'usure, au bout d'un certain temps. Elle doit alors s'abstenir de relations tant qu'elle la porte. Si elle tombe en grossesse la corde aux reins, l'enfant qui naîtra portera ce nom « corde ».

e. Prénoms liés à l'accouchement : « Oswɔ́rh(ɔ́) / Eswɔ́rh(ɔ́) » : à l'accouchement, l'enfant est sorti les pieds en avant et non la tête (*è zɛ è nèrh ɛ m'ɛ bə̀ lũ*). Le verbe « e swɔ́rh (té) » signifie « sauter (à terre) », d'où le prénom de l'enfant. « Lyɛ̃̀wɛ̀ » (prénom masculin et féminin) : à sa naissance, l'enfant est sorti du sein maternel emportant avec lui le cordon, tout ce qui l'enveloppait. Le verbe « e lyɛ̰̀ wɛ̰̀ » veut dire « porter à l'épaule ou en bandoulière des choses », tel un guerrier armé.

f. Prénoms liés au nombre de décès : « Ozonə / Ezonə » : après le premier enfant décédé, si un autre enfant naît de la même mère, il sera nommé ainsi (*ń ná lùl náýɔ́ɔ́ mó n cì*). « Oyɔ́ / Eyɔ́ » : ce prénom est donné à l'enfant qui est né après deux décès successifs d'enfants de la même mère (*ń ná lùl twər rə̀lyè bə cì*).

g. Prénoms liés aux jumeaux : « Olyèlé / Elyèlé » : ce prénom est donné au(x) cadet(s) des jumeaux, c'est-à-dire, à l'enfant né après des jumeaux ou aux jumeaux nés après des jumeaux. À propos de jumeaux, le dernier à naître est l'aîné.

h. Prénoms liés à des événements ou à des activités : « Odwà / Edwà » : *dwà*, pluie. L'enfant est né pendant qu'il pleuvait. « Olúwɔ́ / Elúwɔ́ » : *lwí*, funérailles. L'enfant est né durant une célébration de funérailles.

i. Prénoms liés à la parenté : « Ojú / Ejú » : *e jí*, manger, marier. Quand un homme et une femme se marient malgré les liens de parenté, leur enfant porte ce prénom.

j. Prénoms liés à la provenance de l'enfant : lorsqu'un enfant décède, et surtout si les enfants meurent les uns après les autres, ou si la femme tarde longuement à concevoir, l'Homme traditionnel aura recours au devin (*jə̀pérɛ́ cɔ́bal, vùrbal, kɔ̀mna*), pour connaître les raisons.

Pendant la grossesse, le père va consulter le devin (*n zɛ̃ n dùr*, littéralement, se lever courir, idiotisme propre à ce type d'activité liée à la mantique). C'est le devin qui est habilité à lui dévoiler d'où vient l'enfant (de quelle Puissance tutélaire) et lui indique tout ce qu'il doit faire pour que l'enfant vive après sa naissance. Il lui précise le nom de la Puissance tutélaire à laquelle il faut faire un sacrifice (*ń zwə́l vwɩ̀*) pour trouver auprès d'elle faveur et protection. Ainsi peuvent être désignés telle Montagne, telle Rivière, tel Masque, Telle Forge, tel Buisson, tel Arbre, etc. Si le sacrifice offert est bien reçu, le père devra donner à l'enfant, quand il naîtra, le nom de ladite Puissance. Et souvent, les autres enfants à venir porteront aussi son nom, selon le principe de la suite prénominale (« *byĕ », «* mă », « *bwéɛ́ »). Dans les exemples suivants, le nom de la Puissance protectrice commence par une majuscule pour la distinguer de la réalité physique visible qui lui sert de medium.

« Obŭ / Ebŭ » : *Bŭ*, Rivière, Marigot, Ruissea

« Osɔ̀lɔ̀ / Esɔ̀lɔ̀ » : *Sɔ̀lɔ̀*, Buisson.

« Onyɔmɔ / Enyɔmɔ » : *Nyɔmɔ,* masque (sacré).

« Osɔ̃̆ / Esɔ̃̆ » : *sɔ̃̆,* Karité (arbre).

« Opyɔ̀ / Epyɔ̀ » : *Pyɔ̀,* Colline, Montagne.

« Nə̀byílə́ (H/F) » : *Nə̀byílə́,* Queue.

k. Prénoms liés à une bête tuée : du point de vue de l'Homme traditionnel, si, au temps de son enfance ou de sa jeunesse ou plus tard, la femme, mais aussi l'homme parfois, tue certains animaux, domestiques ou sauvages, l'acte posé peut avoir des conséquences néfastes. Si la personne avoue ce qu'elle a fait, les Anciens la menacent sévèrement, et le malheur peut être évité. Mais si elle garde le secret, l'acte commis peut avoir, selon la mentalité locale, des conséquences destructrices sur la fécondité. Quelqu'un d'autre de la famille peut même subir ces conséquences. Le mal retombe sur lui. Le devin consulté dénoncera un tel ou une telle, l'accusant d'avoir tué telle bête, et dira selon les cas : « Voilà pourquoi la femme ne conçoit pas » ; ou « Voilà pourquoi la femme fait de fausses couches » ; ou « Voila pourquoi les enfants meurent à bas âge », etc. Parce que : « Tèbé ń gu mú *tu ń kwã* » ; l'expression « tu ń kwã » est difficile à traduire ; littéralement, « Ce qu'elle (il) a tué *est tombé derrière elle* (*lui*) », autrement dit, la bête que cette personne a tuée la poursuit et se venge. Le devin prescrira le sacrifice à faire (*vwì zwə́l*) pour réparer le mal commis et éloigner le mauvais sort. Si un enfant naît plus tard, il portera le nom de l'animal tué. Voici quelques-uns de ces prénoms donnés, avec les noms des animaux correspondants.

« Obɔ̃̀ / Ebɔ̃̀ » : *Bɔ̃̀*, Chèvre.

« Ocóló / Ecélé » : *Cóló,* Poule.

« Obwèlé / Ebwèlé » : *Bwèlé,* Chat.

« Olyă / Elyă » : *Lyă,* Singe.

« Okùlí / Ekùlí » : *Kùlí,* Chien.

« Ota / Eta » : *Ta,* Antilope.

4.1.1.2. Importance du prénom

Trois observations peuvent être faites. Tout d'abord, le nom ou le prénom étant en rapport étroit avec la vie, donner un prénom, c'est donner à la personne nommée de vivre en ce monde visible, de passer une existence dans et avec la famille. La question fondamentale que se pose l'Homme traditionnel, au sujet de l'enfant qui va naître, est d'ordre ontologique et existentiel : d'où vient-il ? Qui est-il ? Que faut-il faire pour qu'il soit bien accueilli et qu'il vive ? Pour lui, le devin est l'homme de la réponse, le rôle qu'il joue dans la dation du prénom est primordial et rassurant, car pour lui le devin voit le passé, il voit le présent et il voit le futur. Donc, il connaît l'origine de l'enfant conçu, son identité et son avenir. L'enfant qui vient, vient avec son histoire, son identité et sa raison d'être en ce monde. Ignorer cela, c'est mal l'accueillir, et dans ces conditions, il préfèrera repartir (mourir). Perçu par les parents comme un étranger (*zhəbal / zhəkẽ*), le *nommer*, c'est lui accorder hospitalité, lui donner visage et place dans la famille, c'est en définitive le reconnaître comme sien[92]. En cela, le nom ou prénom dit la personne, il est la personne elle-même : « Le nom n'est pas une simple étiquette, c'est la réalité même de l'individu[93] ». C'est pourquoi, dans la mentalité traditionnelle, nommer quelqu'un ou connaître son prénom, c'est avoir barre sur lui – Les Anciens enseignaient jadis de ne pas appeler à haute voix le prénom d'une personne dans la forêt ou en pleine nuit, sous peine de l'exposer –. Le réflexe de l'Homme traditionnel, c'est d'aller, dès la conception de l'enfant, à la source de l'information, quitte à consulter plusieurs devins pour vérifier l'information reçue.

Puis, le prénom a une dimension spatiale et historique. La dation du prénom se réfère à des éléments apparemment dispersés mais en réalité faisant corps ensemble : à des composantes de la nature, à des animaux domestiques et sauvages, au travail manuel, à des activités sociales et familiales, culturelles et religieuses, à la maternité de la femme, etc. En d'autres termes, le prénom renvoie au minéral, au

---

[92] « L'attribution du nom […] est le moment d'identification et de reconnaissance de l'enfant. Il est intégration au sein du groupe et participation à la vie du groupe qui l'accueille et l'accepte comme membre. Le nom permet au groupe d'avoir prise sur l'enfant » NDO Jules, *op. cit.*, p.19.
[93] TEMPELS Placide. *La philosophie bantoue*, Éditions Présence Africaine, Paris, 1959, p. 72, cité par TABARD René, *Voie africaine de christologie des apparitions pascales*, Atelier National de Reproduction des Thèses, 2006, p. 58.

végétal, à l'animal, à l'événementiel, à l'ordinaire de la vie manuelle, socioculturelle et religieuse. Le prénom se situe ainsi dans un environnement porteur et dans une histoire commune. Le temps et l'espace sont constitutifs du prénom, lui confèrent à la fois consistance et cohérence et font de lui un programme à vivre.

La troisième observation consiste en ceci : de même que l'on reçoit la vie, de même on reçoit le prénom. Tous deux sont donnés pour être accueillis. C'est vrai qu'en *lyèlé*, comme en français du reste, on dit : « Ǹ yíl byè ? » : comment t'appelles-tu ?, comment te nommes-tu[94] ? Et on répond : « À yíl ... » : je m'appelle ..., je me nomme... Dans une dialectique de don et d'accueil, parler ainsi pose problème : peut-on réellement *s'*appeler soi-même ? Véritablement *se* nommer soi-même ? Nul, parmi les créatures, n'est sa propre origine. Le prénom, comme la vie, pose donc, au delà des différentes chaînes de transmission, le problème de l'Auteur originel, autrement dit, de la Source première. Ce Créateur dont tout dépend, le *Lyɔ̌l* l'appelle « Yi », Dieu.

4.1.2. Relation avec Dieu (Yi)

L'Homme traditionnel *lyɔ̌l*, il faut le redire, est un être de croyances : il croit en Dieu, aux Ancêtres et aux esprits. Pour bien vivre, il a besoin d'entretenir des relations et de communiquer avec eux. Pour lui, le monde est *un* : le monde visible et le monde invisible, sont distincts mais non séparés. Et il y a une circulation de vie dans ce corps globalisé. L'Homme traditionnel parle souvent de Dieu, en le nommant « Yi », mais qui est-ce, Yi ? Quels types de rapports l'Homme

---

[94] « Ǹ yíl byè ? » : on pourrait traduire aussi « comment es-tu appelé ? », « comment es-tu nommé ? », car parfois, en *lyèlé*, le verbe peut avoir un sens à la fois passif et actif. Là aussi comme dans la forme active, la forme passive indique que le prénom est reçu.

entretient-t-il avec lui ? Nous abordons ce sujet difficile à travers l'étude du mot « *yi* », et l'analyse de quelques prénoms théophores.

4.1.2.1. Polysémie du mot « yi »

Le terme « *yi* » est équivoque et complexe en *lyèlé*. En témoignent les exemples non exhaustifs qui suivent et qui permettent d'en avoir une idée.

a- yi (pluriel : yə) : dieu, divinité, le divin. Avec une majuscule et sans le pluriel, « YI » désigne Dieu, l'Être Suprême ou l'Être Absolu.

b- yi : soleil ; *yi púrhí* : lever du soleil ; *yi kár* : après-midi ; *yi zùr* : coucher du soleil ; *ǹ yə-bwḛ̀* : bonsoir (à toi), se dit au crépuscule.

c- yi : ciel, firmament ; *dḛ̌ yi wə* : (en) haut dans le ciel.

d- yi : saison, période, époque ; *wàr yi* : à la période du froid ; *yi ni* : à la saison des pluies abondantes (surtout au mois d'août) ; *rəmyέ yi ní* : en ce temps-là.

e- yi : moment venu, temps fixé ; *rə̀ yi gə tú è yúwə́* : quand cela sera venu ; *ń yi gwḛ̌ yə̀ yí yé* : son heure n'est pas encore arrivée.

f- yi (pluriel : yə) : poutre verticale en bois (pilier) qui porte celle de la charpente en terrasse ; *jì yə* : poutres d'une maison.

g- yi : *da yi,* littéralement, dieu du père ; physiquement, c'est un autel domestique sur lequel le fils aîné fait le sacrifice à son père défunt, en reconnaissance ou en invocation de demande.

La polysémie de « yi » apparaît en constellation de sens, apparemment étrangers les uns aux autres. Il est vrai, il faut éviter les manipulations sémantiques pour contraindre les différents sens à une concordance harmonisante et recherchée afin de justifier une affirmation. Ceci étant, ne pourrait-on pas lire dans cette polysémie du mot yi » un lien qui unit tous ses sens ? Cette diversité d'acceptions ne révélerait-elle pas l'agir qui se donne à voir de l'Être Suprême, appelé « Yi », Dieu ? L'Homme traditionnel le reconnaît comme Créateur du monde (*lũ wărhnɔ*) et de l'Homme. Dès lors, les différents éléments de la polysémie de « yi » pourraient trouver, à mon avis, leur source unique en « Yi », le Maître Souverain (*Cɔ́bal*) de toute la création. Ainsi, Yi est le Créateur du soleil (*yi*), source de lumière et de chaleur, lequel se lève (*yi púrhĭ*) et se couche *(yi zùr)*, rythmant les jours et les nuits, les mois et les années. Il est le Créateur du ciel (*dɛ̃̌ yi [wə]*) et des autres éléments du cosmos. Yi est le Maître des saisons, des temps et des événements (*wàr yi* ; *yi ni* ; *rə̀ yi gə tú è yúwə*). Yi est Celui qui soutient la maison (*jì*) : « jì » pour le *lyɔ̆l* désigne d'abord la famille, avant d'être le bâtiment qui sert d'habitation ; le « jì cɔ́bal » est le maître de la famille d'un même Ancêtre (*nàmbal*), dont le nom est devenu le nom de famille (*jì yil*), porté par tous ses descendants. Comme la poutre (*yi*) d'une maison-habitation (*jì*) qui porte le toit afin qu'il ne s'écroule, Yi aide à porter le poids des diverses épreuves de la maison-famille (*jì*), assure protection, subsistance, fécondité et prospérité. En cela, Yi est le Véritable « Pilier » de la maison-famille (*jì y Yi*). Il est explicitement invoqué, même si, au prime abord, le sacrifice ne lui est pas adressé directement, à l'occasion du culte sacrificiel (*vwĭ*) sur l'autel domestique (*da yi*), car le père défunt n'est pas au-dessus de Yi. Autrement dit, la polysémie du mot « yi » est comme la trace de l'acte créateur de Yi. Dans ce que Yi a fait, on pourrait interpréter que l'Homme traditionnel voit la signature de Yi, exprimée en « yi » minuscule, pour reconnaître que tout est de Yi et tout dépend de Yi. Alors, le relatif « yi », c'est-à-dire, la créature, renverrait à l'Absolu Yi, le Créateur Souverain. Reconnaître le sceau du Créateur dans sa création n'est pas sacraliser, spiritualiser ou diviniser tout, encore moins « fondre » Yi dans sa création ou « confondre » Yi avec ce qu'il a créé. La distinction ou la différence s'impose, car Yi est le Tout Autre. La pluralité de sens de « yi », loin d'être centrifuge, divergente, éparse, comme fuyant son Centre originel, sa seule Source, dont elle renoncerait à dépendre, se révèle plutôt centripète, convergente, témoignant de l'unicité de son Origine et de sa Finalité ainsi que de l'unité du créé, de l'univers ; « yi » dans sa polysémie si diversifiée manifeste ainsi et la richesse et la puissance, aussi bien mystérieuses qu'inépuisables, de Yi, Dieu[95] et de son acte créateur.

C'est pourquoi, l'Homme traditionnel sait recourir à Yi en donnant à ses enfants des prénoms dits théophores, c'est-à-dire, qui contiennent, explicitement et parfois de façon sous-entendue, le nom « Yi ». Ces prénoms théophores font partie de l'ensemble des prénoms d'échange ou de remplacement (*yi-lyérse*), c'est-à-dire, qui sont mis à la place du prénom de l'individu. Par exemple : « Obŭ *cènè nyè* » : au lieu d'appeler l'intéressé par son prénom « Obŭ », on l'appellera simplement par son deuxième prénom, son *yi-lyéré* : « Cènè nyè »,

---

[95] Cela me rappelle un chant *Negro spiritual* appris il y a bien longtemps et dont il ne m'est resté que le refrain : « Si tu sais voir la terre, tu verras la trace de Dieu, si tu sais voir tes frères, tu verras la face de Dieu ».

littéralement « Le bien est bon ». Certaines personnes ne portent que ce seul prénom d'échange ou de remplacement (*yi-lyéré*), tel est le cas de cet homme de Réo (*Ékúlpṹ*) appelé : « Yi wɔ́ zhɘ̀nà » : « Dieu est vérité ». Quel joli nom et quel beau témoignage !

4.1.2.2. Prénoms théophores, attributs de Dieu

Par les prénoms théophores, l'Homme traditionnel livre son expérience personnelle, familiale et sociale de Yi. Une catégorie de ces prénoms traite de l'être de Yi.

a. Dieu Est, existe : « Yi ŋwéné » : Dieu Est, il est présent, existe, par opposition à absent, inexistant.

b. Dieu est grand et tout-puissant : « Yi já » : Dieu est grand. « Jàn bə lùlə̀ » : On n'engendre pas par force (C'est Dieu qui en donne la grâce).

c. Dieu est vérité : « Yi wɔ́ zhɘ̀nà » : Dieu est vérité.

d. Dieu aime : « Yi sɔ́ » : Dieu aime. « Yi sɔ́ zhɘ̀nà » : Dieu aime la vérité. « Yi sɔ́ nɘ̀mɔ̀ » : Dieu aime le pauvre.

e. Dieu est propriétaire, maître : « Yi cǐ » : Appartient à Dieu, Est un bien de Dieu ;
« Yi cǐ rə̀ ga » : Dieu est maître de tout, Tout appartient à Dieu.

f. Dieu sait tout, entend/comprend tout, voit tout : « Yi yě rə̀ ga » : Dieu sait tout. « Yi rə̀ yě » : C'est Dieu qui sait. « Yi nyě » :

Dieu entend (il n'est pas sourd), Dieu comprend. « Yi nɛ rɜ̀ ga » : Dieu voit tout.

4.1.2.3. Prénoms et expressions théophores, témoins de l'agir de Dieu

Certains prénoms ou expressions sont plutôt sensibles à ce que Dieu fait dans la vie de l'Homme, et partant, expriment la reconnaissance et l'abandon de soi à lui, ou implorent son secours, particulièrement dans l'épreuve et la détresse.

a. Reconnaissance de l'action de Dieu : « Yi tó à yé » : Dieu a conduit mes pas, il m'a précédé, il m'a fait la bonne surprise. « Yi zwẽ à lwɜ̌l » : Dieu m'a exaucé. « Yi pɛné » : Don de Dieu, donné par Dieu. « Yi wɔ́ à lò » : Dieu est mon ami, mon bienfaiteur.

b. Dieu est plus fort que les ennemis : « Zwɜ̀ dɜ̀ Yi » : Les ennemis ne sont pas Dieu.
« Bùlɜ̀ dɜ̀ Yi » : (Tes / leurs) pensées ne sont pas (celles) de Dieu. « Bɜ̀ nyɔ́ dɜ̀ Yi » : Leurs paroles (bouches) ne sont pas (celles) de Dieu. « Yi fǔr zwɜ̀ » : Dieu a confondu les ennemis (a déjoué les plans des ennemis).

c. Imploration du secours de Dieu : face aux épreuves ou aux accusations, l'Homme s'adresse à Dieu directement, à la deuxième personne du singulier, sous forme impérative, pour solliciter son intervention. « Yi, dɛ̌ ń pẽ » : Dieu, surveille pour moi (le verbe *e dɛ̀* : garder, surveiller, protéger). « Yi, zɔ̌m ń pẽ » : Dieu, parle pour moi. « Yi, bǔr » : Dieu, juge. « Yi, dǎl ń pẽ » : Dieu, garde un reste pour moi (ne prends pas tout). Nom donné surtout en cas de décès successifs d'enfants.

d. Abandon à Dieu et à sa volonté : « À ŋwéné ǹdə́ Yi » : Je suis avec Dieu (je m'abandonne à Dieu). « Yi bùlə̀ » : (Selon la) volonté de Dieu. Comme Dieu veut.

e. Recommandations, exhortations, conseils, en particulier aux siens : « Tó Yi ni » : Suis Dieu. « Yi gá nyὲ » : Il est bon de respecter Dieu, d'être en lien avec lui, de le servir. « Yi də̀ yŏ kɔna » : Dieu n'est pas à abandonner (Dieu ne peut être objet d'abandon).

f. Expressions de détresse adressées au père humain (*da*) et à Dieu :
À l'annonce d'un décès, les femmes, bouleversées par la mort d'une personne qui les soutenait tant, pleurent à haute voix, lancent des cris de détresse, avec le sentiment d'être abandonnées à jamais. Exemple :

« Wĕéé, à da, wèèè !	« Wĕéé, mon père, wèèè !
Wĕéé, à da, wèèè !	Wĕéé, mon père, wèèè !
À bə rə yi zhe yé !	Je n'y peux rien !
À Yi dwĩ ni !	Mon Dieu m'a abandonné !
Ń zhǐr n yĕ̃ ne !	Il (elle) est parti(e) me laisser !
Ń zhǐr n yĕ̃ bɔ̀l nɛ ! »	Il (elle) est parti(e) laisser un vide !

À partir de ces quelques exemples de prénoms théophores donnés, nous pouvons dire que, pour l'Homme traditionnel, Yi (Dieu) est bon envers l'Homme ; il est proche de lui par sa tendresse, d'où les nombreux anthropomorphismes. Il est son familier et son ami. Il mérite reconnaissance pour sa générosité, manifestée par de multiples dons. Il est le Créateur de toutes choses et de l'Homme, le Maître du temps, de l'espace et des événements. Il est vérité. Il aime la vérité, le bien et le pauvre. Il est Tout-puissant et invincible. Il combat et confond les ennemis, il protège contre eux. Il sait tout, voit tout, entend tout, comprend tout, il peut donc prévoir et prévenir. L'Homme traditionnel lui fait confiance, s'abandonne à lui, et sait lui demander d'intervenir efficacement en sa faveur. La volonté de Yi est première et appelle obéissance, celle de l'Homme lui est subordonnée. Tout ce qui arrive est selon la volonté de Yi. C'est lui qui donne, c'est lui aussi qui reprend. Il est le Yi de l'utilité et de l'immédiat, pourvoyeur de l'Homme, qui peut lui exprimer directement ses *desiderata*. (cf. les prénoms à la forme impérative). Dans les cas de mort douloureuse, la femme surtout, désemparée, crie en pleurs son « Wěéé, à da, wèèè ! », sa souffrance, son désarroi, son sentiment d'être abandonnée même par Yi. Mais Jésus-Christ, par son Nom théophore, donne vie et salut au nom de Dieu son Père. Là où la religion traditionnelle fait l'expérience douloureuse de ses limites infranchissables, livrant à la solitude sans espérance, le Dieu de Jésus-Christ se révèle Seigneur et Sauveur, parce que Père plein d'amour et de vie.

4.1.3. Jésus-Christ, Nom théophore

Le nom ou le prénom dit la personne et sa personnalité. Le nom « Jésus » est « théophore », c'est-à-dire, il « porte Dieu ». Il est donné par Dieu lui-même par l'intermédiaire de l'ange[96] ; il vient de

---

[96] Mt 1,20-21 : « L'Ange du Seigneur lui [Joseph] apparut en songe et lui dit : ''Joseph, fils de David, ne crains pas de prendre chez toi Marie, ta femme : car ce qui a été engendré en elle vient de l'Esprit Saint ; elle enfantera un fils et tu

l'hébreu « Yehoshua / Yeshua » qui signifie : « Yahvé (Dieu) sauve » ou « Yahvé (Dieu) est salut ». À la naissance de Jésus, un ange dira aux bergers : « Aujourd'hui vous est né un sauveur, qui est le Christ Seigneur » (Lc 2,10). Ce salut de Dieu qu'est Jésus est adressé à toutes les nations (Ac 28,28). Et « Jésus » est le nom de cet homme concret de Nazareth, fils de Marie et de Joseph, le charpentier. Ce Jésus historique est en même temps le *Logos* de Dieu, le Fils de Dieu devenu chair, fait homme (Jn 1,14).

« Christ » est un titre, théophore également : translittération du grec « Christos », qui correspond au nom hébreu « Mashiah », « Messie », il veut dire « l'oint ». Jésus est oint, non d'huile, mais d'Esprit Saint. « Dans l'ancienne Alliance, écrit Joseph Ratzinger, l'onction était considérée comme le signe visible de l'attribution des dons requis par la fonction, du don de l'Esprit de Dieu pour la charge. A partir de là, en Isaïe (11,2), se développe l'espérance d'un authentique ''Oint'' dont ''l'onction'' consiste justement dans le fait que l'Esprit du Seigneur repose sur lui : ''Esprit de sagesse et de discernement, esprit de conseil et de force, esprit de connaissance et de crainte du Seigneur'' […] Jésus, dans la synagogue de Nazareth, a présenté lui-même et a présenté sa mission […] : ''L'Esprit du Seigneur est sur moi, parce que le Seigneur m'a consacré par l'onction (Lc 4,18 ; cf. Is 61,1)[97] ».

« Christ, Messie, Oint », comme titre théophore, qui *porte Dieu*, renvoie au Dieu trinitaire : selon Saint Irénée, « Dans le nom de 'Christ' est sous-entendu Celui qui *a oint* [le Père], Celui-là même

---

l'appelleras du nom de *Jésus* : car c'est lui qui *sauvera* son peuple de ses péchés'' ».

[97] RATZINGER Joseph, *Jésus de Nazareth, 1. Du baptême dans le Jourdain à la transfiguration*, Édition française sous la direction de Mgr DUTHEL François, Ed. Flammarion, Paris, 2007, p. 45.

qui *a été oint* [le Fils] et l'*Onction* dont il a été oint [l'Esprit][98] ». Dès l'*incipit* de son écrit évangélique, Marc proclame sa foi en ce non théophore « Jésus-Christ » : « Commencement de l'Évangile de Jésus, Christ, Fils de Dieu » (Mc 1,1). Pour Marc, cet homme physique, appelé « Jésus » est le « Christ », le « Fils de Dieu ». Son évangile se présente comme une révélation progressive de ce Nom. Celle-ci culmine à mi-parcours, à la moitié de son Livre, dans la confession de Pierre sur le chemin de Césarée de Philippe. À la question de Jésus : « Mais pour vous, qui suis-je ? », Pierre répond : « Tu es le Christ » (Mc 8,29). Cette manifestation de la personne de Jésus atteint, vers la fin du Livre, un deuxième sommet dans la confession du centurion, surtout à un moment paradoxal et inattendu : non-juif par surcroît, le centurion voit en Jésus, crucifié et mort, le Fils de Dieu : « Vraiment, cet homme [Jésus] était Fils de Dieu » (Mc 15,39). Cette intention christologique et théologique – à savoir, révéler la personnalité de Jésus – traverse de part en part le récit de Marc, et permet de lire avec les yeux de la foi, et donc de mieux comprendre, les paroles que Jésus dit et les actes ou signes qu'il pose tout au long de son ministère public. Il est l'homme-Dieu ou le Dieu fait homme, Celui qui « porte Dieu » à l'Homme et, de ce fait, « porte l'Homme » à Dieu, d'où son Nom théophore, et partant, anthropophore.

Aussi est-il heureux, et cela est à souligner fortement, que ce Nom « Jésus-Christ » s'écrive avec un « trait d'union (-) ». Celui-ci, humble et discret, s'avère fondamental et nécessaire. Car il permet de faire du Nom « Jésus » et du titre « Christ » un seul et même Nom :

---

[98] Saint Irénée, cité par Commission Théologique Internationale, *Le Christianisme et les Religions*, Préface par Joseph DORE, Paris, Éditions du Centurion / Les Éditions du Cerf 1997, n°54, p. 57 (les précisions de noms entre crochets ainsi que l'italique sont des ajouts à la citation).

ce trait d'union signifie « sans séparation et sans confusion » confessant Jésus-Christ et vrai Dieu et vrai homme. Pour ma part, ce Trait d'union, entre « Jésus » et « Christ », est l'Esprit Saint, celui-là même dont Jésus a été conçu comme homme et oint comme Messie Sauveur. Ce Trait d'union joue un double rôle dans le Nom « Jésus-Christ » : Esprit Saint, ce Trait d'union donne au croyant, d'une part de voir en Jésus la personne du Christ, et d'autre part de voir en Christ la personne de Jésus, non pour en faire deux personnes, mais une seule et unique personne. Le mouvement qui s'opère dans la foi est double : de Jésus au Christ et du Christ à Jésus. Ainsi, ce Trait d'union est l'Esprit de distance, de différenciation pour mieux unir et, dans le même temps, l'Esprit d'union pour mieux distinguer. En cela, l'Esprit Saint, d'une certaine manière, *fait* Jésus-Christ. Bien sûr, toute comparaison connaît des limites et des lacunes.

Un tel Nom théophore confère à Jésus-Christ un statut, une place et un rôle privilégiés et uniques. Le faisant, l'Esprit Saint donne à Jésus-Christ d'être le Trait d'union unique et universel : union verticale entre Dieu et les Hommes et union horizontale entre les Hommes, signant ainsi de sa Croix l'œuvre de salut et d'amour du Père pour toute l'humanité. Ce Nom théophore « Jésus-Christ » est alors le « Nom au-dessus de tout nom » (Ph 2,9), Nom devant lequel tout, dans le ciel et la terre, doit s'agenouiller (Ph 2,10), Nom que toute langue doit proclamer (Ph 2, 11). Il est le seul Nom donné pour être sauvé (cf. Ac 4,12). Dans et par ce Nom théophore, « Toute chair verra le salut de Dieu » (Lc3, 6) : croyants chrétiens, croyants des autres religions et Hommes de bonne volonté[99]. Ainsi le Nom

---

[99] GS 22 : « Et cela ne vaut pas seulement pour ceux qui croient au Christ, mais bien pour tous les hommes de bonne volonté, dans le cœur desquels, invisiblement,

Jésus-Christ contient en lui-même et l'identité et la mission du Fils de Dieu fait homme, l'une et l'autre demeurant inséparables et sans confusion. Ce Nom théophore, Jésus l'a porté et vécu comme programme de vie, pour *porter* à l'Homme le Dieu que ce Nom porte.

Le tradi-chrétien peut, grâce à l'Esprit qui l'unit au Christ, trouver la force pour renoncer au syncrétisme ou à l'apostasie de sa foi chrétienne en retournant à la religion traditionnelle. Les chrétiens, en milieu traditionnel, ont désormais une Puissance, la Puissance par excellence, le Nom et la personne théophores : « Jésus-Christ ». Hermas écrit : « Si tu portes le Nom [du Fils de Dieu] sans porter la vertu, c'est en vain que tu portes son nom [celui de chrétien][100] ». Face à tous ces sacrifices qui sont prescrits par les devins-guérisseurs pour différentes raisons et que les chrétiens font, la parole de Dieu dite jadis à Israël, le peuple élu, est plus que d'actualité : « Que m'importent vos innombrables sacrifices, dit Yahvé. Je suis rassasié des holocaustes de béliers et de la graisse des veaux; au sang des taureaux, des agneaux et des boucs, je ne prends pas plaisir » (Is 1,11). Jésus-Christ est en lui-même le Sacrifice Véritable : « Quand il offre son corps sur la croix, tous les sacrifices de l'Alliance Alliance [j'ajoute : y compris ceux du milieu traditionnel] parviennent à leur achèvement ; et quand il s'offre pour notre salut, il est à lui seul

---

agit la grâce. En effet, puisque le Christ est mort pour tous et que la vocation dernière de l'homme est réellement unique, à savoir divine, nous devons tenir que l'Esprit-Saint offre à tous, d'une façon que Dieu connaît, la possibilité d'être associé au mystère pascal ».

[100] Sim. IX,13 :2-3, *in* D.B.S., VI, col.532, cité par YANOOGO Dominique, *Le Nom et la Vie*, Extrait de mémoire, Saint Pierre-Claver de Koumi, Haute-Volta, 1981-1982, *op. cit.*, p. 34 (ce qui est entre crochet est un ajout à la citation).

l'autel, le prêtre et la victime[101] ». La religion de « Jésus-Christ » n'est pas une religion du donnant-donnant, du troc, de l'intérêt, pour acquérir des faveurs, des avantages, des bénédictions, comme dans la religion traditionnelle[102], mais une religion de l'Amour (*caritas, agapè*), un amour gratuit, désintéressé et fidèle.

Jésus-Christ ? Il est le *« passion-né* [103]*»* de l'Homme : « né », c'est-à-dire, fait corps, fait homme (cf. incarnation) pour aimer jusqu'au bout, c'est-à-dire, aimer jusqu'à *souffrir* (*pati, passum*, d'où « passion »), et souffrir jusqu'à mourir, « et la mort sur une *croix* » (Ph 2,8). Le Christ naît déjà « corps livré » ; l'incarnation, pourrait-on dire, inaugure la passion, laquelle culmine à la croix, comme symbole du don suprême de lui-même (cf. Jn 15,13). Dans cet amour *passionné*, il donne sa vie (cf. Jn 10,11) pour l'être-aimé, l'Homme, afin que celui-ci, « même s'il meurt » (Jn 11,25), ait la vie, et « l'ait surabondante » (Jn 10,10). Vie au prix d'un amour de passion ! De toutes les religions de tous les temps et tous les lieux, traditionnelles ou non, cet exemple d'amour gratuit que donne le fondateur du Christianisme demeure *unique* et, à ce titre, se révèle passionnant.

---

[101] Cf. Préface du Temps pascal n°5.

[102] « Tu me donnes la santé, tu renforces mon principe vital et j'apporte mon offrande. En fait, on ne peut pas parler ici de foi, car l'adhésion est ponctuelle, intéressée et partielle, mais d'alliance d'intérêt » SOMBEL SARR Benjamin, *op. cit.*, p. 122.

[103] Cette interprétation (*passionné* décomposé en deux mots : « passion » et « né ») est faite à dessein pour signifier que la *passion*, dont l'amour est la source, englobe *toute la vie* de Jésus, et se déploie progressivement, tel un processus de révélation, tout au long de cette vie qui trouve et réalise tout son sens dans le « servir et donner sa vie pour la multitude » (Mt 20,28).

4.2. La Vie s'est faite chair

Saint Jean dit au sujet du Logos : « En lui [ce qui fut en lui] était la vie [*en aoutô zôè èn*] et la vie était la lumière des hommes » (Jn 1,4). Cette Vie qu'est le Logos de Dieu s'est *faite chair*[104] et a vécu parmi les Hommes (Jn 1,14). Ainsi, la parole de Jésus, en tant que Logos (Verbe) du Père, est vie : « Seigneur, à qui irions-nous, tu as les paroles de la vie éternelle » (Jn 6,68). Les Apôtres en sont les témoins : « [...] Ce que nos mains ont touché du Verbe de vie [*tou logou tès zôès*], car la Vie s'est manifestée [...] nous vous annonçons cette Vie éternelle qui était tournée vers le Père » (1Jn 1,1). Le Père qui est vivant donne la vie à son Fils (cf. Jn 6,57). Ainsi, Jésus a la vie en lui-même : « Comme le Père en effet a la vie en lui-même, de même a-t-il donné au Fils d'avoir aussi la vie en lui-même » (Jn 5,26). Qui plus est, il est lui-même la vie et la donne : « Je suis la résurrection et la *vie*, celui qui croit en moi, même s'il meurt vivra » (Jn 11,25) ; « Qui mange ma chair et boit mon sang a la vie éternelle » (Jn 6,54). Pour donner la vie à l'Homme, Jésus a offert sa Parole et son Corps comme « Pain de vie » et il a connu la mort puis la résurrection (corps mort et ressuscité), manifestant ainsi que la vie est plus forte que la mort.

4.2.1. Une table, deux pains de vie

Avant d'aborder la Parole de Dieu et le Corps du Christ comme Pain de vie, il est bon de présenter l'importance de la parole en milieu traditionnel.

---

[104] C'est aussi le titre du livre de : POUCOUTA Paulin, *Et la vie s'est faite chair, Lectures du quatrième évangile*, Éditions L'Harmattan, 2005.

4.2.1.1. Un corps parlant (*nyí, mə̀jòlò, zɔ̀mɛ̀*)

Le *numbyíní*, l'être humain, a été défini ci-dessus comme intériorité (*wu*), un « wu » qui est vie intime, personnelle. Mais ce corps-intériorité ne vit pas replié sur lui-même, en autosuffisance ou fuyant le monde. En effet, l'Homme est aussi *extériorité* (*pwɛ̃ ne*), un *dehors*, manifesté en termes de socialisation, de interpersonnelle, de communication. L'être humain est *relation*, surtout par la médiation de l'acte et de la parole (*zɔ̀mɛ̀*). Le « wu » s'extériorise, parle (*homo loquens*).

Le « nyí » (la bouche) est un mot très usité dans la langue *lyèlé*. Il constitue à lui seul un monde, le monde du « nyí ». Il signifie, entre autres, bouche, ouverture, parole, message, testament, information, ordre, loi, portion de terre à cultiver. Sans oublier les mots composés et toutes ces expressions bien imagées avec « nyí ». Mais son sens de *parole* occupe une place centrale dans toute cette polysémie. Ainsi, pour celui qui est en déplacement, sa boussole, sa carte ou son GPS, c'est sa bouche. Comme dit le proverbe : « *Nyí cóbal tá ń jé yé* » : c'est-à-dire : « Celui qui parle (qui possède une bouche) ne s'égare pas ». Et surtout, l'Ancien, le Vieux (*náncɛ*) – au sens affectif et vénérable du terme – doit être l'homme de la parole, celui qui la maîtrise, en son fond et en ses modalités, pour la dire de façon sensée et surtout vraie, là où il faut, quand il faut et comme il convient : « *Náncɛ nyí y'a lyĩ tama, rɔ̀ t'â lyĩ kɔma yé* », ce qui signifie : « La bouche de l'Ancien pousse de la barbe, elle ne pousse pas du mensonge ».

Le « mə̀jòlò », la *langue* (organe), est également un symbole de la parole. Il est l'organe de la perception du goût : grâce à ses papilles gustatives, il reconnaît des saveurs telles que le sucré, le salé, l'amer et l'acide. Mais il joue un grand rôle aussi dans la phonation et la communication. Le *mə̀jòlò* participe à la production de la parole. Et même, pour l'Homme traditionnel *lyə̌l*, le *mə̀jòlò* désigne la parole elle-même et le caractère immortel de la parole humaine : « *Numbyíní y'a cì, sə è məjòlò t'â cì yé* » : « l'Être humain meurt mais sa langue (parole) ne meurt pas[105] ». Des paroles importantes qu'une personne avait dites de son vivant sont reçues comme héritage et seront, à l'occasion, rappelées ou citées après sa mort, en mémoire d'elle. Sous cet angle de vue, le *məjòlò* comme parole, est le prolongement de la personne dans sa communauté. Par sa parole, elle continue de vivre avec les siens et de participer ainsi à la vie familiale et sociale. L'Être humain survit, en sa parole (*məjòlò*), par delà la mort. Sa parole, toujours vivante, le relève en quelque sorte de la mort.

Le mot pour traduire *parole* est habituellement « zɔ̀mè », du verbe « e zɔ̀m » qui signifie parler, dire, prononcer, s'exprimer, s'adresser à. Le composé « nyì-zɔ̀mè », littéralement *bouche-parole*, associe les signifiants *nyí* et *zɔ̀mè* pour donner plus de consistance, de poids et de densité à la parole, au verbe (*verbum*), au message, au testament. Il en est de même pour « wu zɔ̀mè », mot à mot, *parole du dedans,* parole du « cœur » (*wu*), au sens de message confidentiel, secret, intime. Le mot *zɔ̀mè*, est plurivoque : « Zɔ̀mè ŋwéné » : il y a un problème. « Zɔ̀mè tèné » : il n'y a pas de problème. Là, *zɔ̀mè* est synonyme de « yò », qui veut dire problème ou affaire. En somme, le *zɔ̀mè* est parole, message, problème et question. Et plus le locuteur a la science et la maîtrise de la parole, plus le *zɔ̀mè* y trouve sens, forme et force, et plus le locuteur est écouté et respecté.

---

[105] Les Latins, eux, disaient plutôt : « Verba volant, scripta manent » : littéralement, « Les paroles s'envolent, les écrits restent ». C'est vrai ! D'où l'importance de savoir lire et écrire. Mais, ce n'est pas toute parole qui s'envole et disparaît pour toujours; il est des paroles qui demeurent, parce que écrites dans des cœurs, dans une mémoire, dans l'histoire d'une famille, d'un peuple. Pour le sage traditionnel, l'oraliture est écriture.

Le corps, par son « wu », parle : cela signifie que l'être humain de cette façon fait une sortie de soi pour vivre l'expérience de la communication, du dialogue et de l'amour. C'est dans ce rapport à l'autre que sa corporéité se construit. Comme dit Xavier Lacroix, « Être corps, c'est faire corps. Toute la question est alors : comment, avec quoi, avec qui ferai-je corps ? [106] ». Si la Parole de Dieu est devenue chair, corps, c'est pour communiquer, parler avec l'Homme, autrement dit, faire corps avec lui et, en retour, lui donner de faire corps aussi avec Dieu et avec autrui.

4.2.1.2. Le Pain de vie

Les Saintes Écritures parlent de la *manducation* de la Parole de Dieu. Jean, dans sa vision, obéit à la Voix qui lui parle : il prend le petit livre des mains de l'Ange, le mange, le trouve doux comme du miel et l'avale (cf. Ap 10,8-10). Le même ordre est donné à Ezéchiel : « Mange ce volume […] Nourris-toi et rassasie-toi de ce volume que je donne » (Ez 3,1-3 ; cf. 2,8). Yahvé Dieu avait lui-même mis ses paroles dans la bouche de Jérémie (cf. Jr 1,9) qui se prenait pour un enfant, *in-fans*, c'est-à-dire, celui qui ne sait pas *parler* (cf. Jr 1,8). Jésus reprend vivement Satan qui le tente : « Ce n'est pas de pain seul que vivra l'homme, mais de toute parole qui sort de la bouche de Dieu » (Mt 4,4 ; cf. Dt 8,3). Ainsi, la parole de Dieu est *nourriture* spirituelle, elle nourrit l'élu et l'investit d'une mission. L'Église, comme une mère nourricière, ne se lasse pas « surtout dans la liturgie, de prendre le pain de vie sur la table aussi bien de la Parole de Dieu que du Corps du Christ pour l'offrir aux

---

[106] LACROIX Xavier, *op. cit.*, p. 240.

fidèles[107] ». Parole de Dieu et Corps du Christ sont le *pain de vie*. Jésus, après avoir multiplié cinq pains et deux poissons pour nourrir les foules (cf. Jn 6,1-15), leur dit : « Je suis le pain de vie » (Jn 6,35.48), « Qui mange de ce pain vivra à jamais » (Jn 6,51). Beaucoup de ses disciples se mirent à dire : « Elle est dure cette parole ! » (Jn 6,60) et partant, l'abandonnèrent Jn 6,6). Alors Jésus demanda aux Douze (aux Apôtres) : « Voulez-vous partir, vous aussi ? » (Jn 6,67), et Simon-Pierre de répondre : « Seigneur, à qui irions-nous ? Tu as les paroles de la vie éternelle » (Jn 6,68).

Parole de Dieu et Corps du Christ sont offerts, tous les deux, sur une seule et même table : Dieu y sert le Pain de vie, pour la vie du monde (cf. Jn 3,6 ; 6,51). Dans l'Eucharistie, le Christ se donne à manger, et dans cette manducation nutritionnelle, il *se* communique lui-même, en son mystère d'amour et de vie divine, sous deux modes distincts mais liés intrinsèquement : sa Parole et son Corps. De même que le Christ actualise à chaque liturgie eucharistique son don de lui-même fait à la dernière Cène, en disant : « Prenez, mangez, ceci est mon corps » (Mt 26,26 ; cf. Mc 14,22 ; 1Co 11,24), de même, dans la liturgie de la Parole, il dit – pourrions-nous mettre sur les lèvres de Jésus – : « Prenez, mangez, ceci est ma parole ». C'est pourquoi, fait remarquer avec justesse Louis-Marie Chauvet, « Communier à l'eucharistie sans avoir d'abord ruminé la parole de Dieu est comme un non-sens[108] ». L'unité de don, de communication, commande une unité d'accueil, de réception.

L'Église reçoit, et de la Parole de Dieu et du Corps du Christ, vie et fécondité à la fois spirituelle et missionnaire : selon Walter Kasper, « Les Pères étaient allés jusqu'à définir l'Ecriture comme

---

[107] *Dei Verbum* n° 21.
[108] CHAUVET Louis-Marie, *op. cit.*, p. 63.

incarnation du Logos [...] Ecriture et Eucharistie sont Corps du Christ et nourriture de l'âme. Ensemble, elles constituent un même et unique mystère. Ensemble, elles édifient l'Eglise Corps du Christ[109] ». Pour Origène, l'homélie peut nourrir et rassasier, telle une multiplication des pains : « Nous prenons quelques paroles de la sainte Ecriture, et voici que des milliers de personnes sont rassasiées. Si ces pains n'avaient pas été réduits en morceaux, autrement dit si la lettre n'avait été brisée et rompue morceau par morceau, son sens ne pouvait pas parvenir à tout le monde[110] ». La lecture, l'écoute, l'invitation à l'acclamation : « Acclamons la Parole de Dieu ! » et la réponse de l'assemblée : « Louange à toi, Seigneur Jésus ! », sont manifestement des actes de foi; ils témoignent de l'identité et de l'engagement du lecteur et des auditeurs : la Parole fait d'eux un corps confessant, une *ekklèsia*, un peuple de croyants.

Ce corps de sujets confessants réitère sa foi au Christ lors du rite de la communion : le prêtre (ou la personne mandatée) en présentant l'hostie consacrée et en disant : « Le Corps du Christ ! », confesse en premier, geste à l'appui, sa foi au Christ, reconnaissant que celui-ci se communique et donne en partage sa vie sous ce mode du pain sacramentel. La personne qui reçoit le Corps du Christ se comporte aussi en sujet confessant ; elle verbalise sa foi en répondant : « Amen ! », c'est-à-dire, « Oui, c'est vrai !», « c'est la vérité ! ». Loin de paraître passif et stérile, cet *amen* de foi, de gratitude et d'amour

---

[109] KASPER Walter, « Dei Verbum audiens et proclamans » - « Ecouter la Parole de Dieu avec vénération et la proclamer avec assurance » - La Constitution sur la Révélation Divine « Dei Verbum », p. 9 (Article accessible le 13 Avril 2009, sur Internet, http://www.google.fr/search?hl=fr&q=Cardinal+KASPER%2C+Deus+Verbum+audiens&btnG=).

[110] CHAUVET Louis-Marie, *op. cit.*, p. 62.

engage en même temps le communiant : il est le « oui » ou le *fiat* du chrétien à devenir lui-même corps du Christ, à devenir « pain rompu » et partagé, dans le témoignage quotidien. Il participe ainsi, selon ses dons et ses charismes, à la construction du corps eschatologique, le Royaume de Dieu, dont l'Église, Corps du Christ, est déjà « le signe et le moyen[111] » ainsi que « le germe[112] ». Considérons à présent ce Corps du Christ dans ses différentes harmoniques.

4.2.1.3. Corps du Christ, corps de l'autre

La réponse de l'assemblée à la salutation du prêtre en début de célébration eucharistique surprend toujours par sa réduction du point de vue anthropologique. Exemple de l'une des formules : le prêtre dit : « Le Seigneur soit avec vous (*"Dominus vobiscum"*) ». Et l'assemblée répond : « Et avec votre esprit (*"Et cum spiritu tuo"*) ». Ce qui compte selon la réponse, c'est « l'esprit ». Et le corps ? Qu'est-ce qu'il devient, lui ? Le reste de l'être humain n'est-il pas concerné ? Le « corps » n'a-t-il pas besoin aussi du Seigneur, Lui, l'Emmanuel, Dieu-avec-nous jusque et y compris dans la chair ? Pourtant, dans la formule de la salutation, le prêtre ne dit pas : « Le Seigneur soit avec votre *esprit* ! », il dit bien « … avec *vous* ! », le « vous » désignant la totalité de l'être. Certes, la partie peut désigner le tout. Mais ici, la réponse de l'assemblée semble trahir une persistance de l'esprit dualiste « corps-esprit », préférant celui-ci à celui-là. La réponse en *lyèlé* est plus heureuse : « Et qu'il soit avec

---

[111] *Lumen gentium* n°1 : « L'Eglise étant, dans le Christ, en quelque sorte le sacrement, c'est-à-dire à la fois le signe et le moyen de l'union intime avec Dieu et de l'unité de tout le genre humain … ».

[112] *Lumen gentium* n°5 : « L'Eglise […] reçoit mission d'annoncer le Royaume du Christ et de Dieu, et de l'instaurer dans toutes les nations, formant de ce royaume le germe et le commencement sur la terre ».

toi aussi[113] », le « toi » désignant la personne dans son intégralité. Revenons au « Corps du Christ ». Que dire ?

a. Le Christ, Corps livré : Joseph Ratzinger rappelle le lien avec le culte de l'Ancien Testament : « ''Ceci est mon corps, ceci est mon sang''. Les mots utilisés ici proviennent de la terminologie sacrificielle de l'Ancien Testament, celle qui servait à désigner les offrandes à sacrifier dans le Temple. En faisant sien ce langage et en le transformant en un langage personnel, Jésus exprime le fait qu'il est le sacrifice réel et définitif, attendu et pressenti à travers tous les sacrifices de l'Ancien Testament. Les animaux étaient les substituts du vrai sacrifice, à commencer par le bélier pris par les cornes dans un buisson et destiné à prendre la place d'Isaac[114] ». Le Corps eucharistique, Corps ressuscité du Christ, nous l'avons vu, est un autre mode de présence et de communication de Dieu à l'homme. Dans ce Corps sacramentel, se manifeste (christophanie) le Christ lui-même, présent au milieu de son Peuple (Lc 22,27 ; Jn 20,19 ; Mt 18,20). À chaque célébration eucharistique, Jésus réalise pour son Peuple le don de lui-même : « Ceci est mon corps livré *pour vous* ; ceci est la coupe de mon sang […] versé *pour vous* » (Cf. 1Co 11,24-25 ; Mc 14,22-24 ; Mt 26,26-28 ; Lc 22,19-20). L'Eucharistie, et partant le Corps du Christ, est avant tout le mémorial du Christ, l'actualisation de son mystère pascal de passion-mort-résurrection et de son « Voici que je suis avec vous pour toujours jusqu'à la fin des temps » (Mt 28,20).

---

[113] *Sɔ n yɛ né ǹdó ǹmyɛ.*
[114] RATZINGER Joseph, *Le ressuscité, Retraite au Vatican, en présence de S.S. Jean-Paul II*, p. 119.

b. Le célébrant, Corps du Christ : le prêtre, dans la célébration de la Messe, agit à la fois au nom du Christ (*in personna Christi*) et au nom du Corps ecclésial du Christ, l'Église (*in personna ecclesiae*). À ce titre, lorsqu'il prononce à la consécration les paroles de Jésus, après l'épiclèse : « Ceci est mon corps… », ou : « Ceci est la coupe de mon sang… », le prêtre n'est pas extérieur ou étranger, encore moins indifférent, à ce qu'il dit et fait : sa *personne elle-même*, jusqu'en son corps et en son sang, y est engagée. Il s'unit ou plutôt il est uni, de façon sacramentelle au Christ Grand Prêtre dans son offrande suprême. Ce n'est pas une mise en scène, une pièce théâtrale, où le prêtre jouerait le rôle d'un personnage, c'est une communion intime au Christ qui invite le célébrant à donner lui aussi librement sa vie en signe d'amour (cf. Jn 15,13).

c. Le baptisé, l'Église, Corps du Christ : le baptême *in-corpore* le baptisé au Christ, donne au baptisé d'être *in-carné* dans le Christ, pour reprendre le terme johannique « *sarx / caro*, chair ». Par cette incarnation baptismale, le corps du baptisé participe au Corps du Christ, pour former « par lui, avec lui et en lui », un seul corps. Le Christ s'identifie lui-même à ses disciples : « Saoul, Saoul, pourquoi *me* persécutes-tu ? » (Ac 9,4) ; il dit bien « me » alors que ce sont les chrétiens qui subissent la persécution. Aussi s'identifie-t-il aux Douze Apôtres qu'il envoie en mission : « Qui *vous* accueille m'accueille » (Mt 10,40). Saint Paul, en maintes reprises, affirme dans la foi cette dimension englobante ou inclusive du corps du Christ : « Vous êtes, vous, le corps du Christ » (1Co 12,27) ; « Vos *corps* sont des membres du Christ » (1Co 6,15) ; nous sommes baptisés dans un seul Esprit pour être un *seul corps* (cf. 1Co12,13). L'*Église* dans son ensemble est le « Corps du Christ » (Ep 1,23 ; Col 1,18). Prendre part au corps eucharistique, c'est prendre part, sacramentellement, au corps ecclésial du Christ : « Parce qu'il n'y a qu'un pain, à plusieurs nous ne sommes qu'un *corps*, car tous nous participons à ce pain unique » (1Co 10,27).

d. La multitude, Corps du Christ : « Par son incarnation, affirme le concile Vatican II, le Fils de Dieu s'est en quelque sorte *uni* lui-même à *tout homme*[115] ». Il y a lieu de souligner le caractère universel de cette union du Logos de Dieu par l'incarnation. Cette union s'étend *extra muros ecclesiae*, au-delà des frontières de l'Église. Elle concerne *tous* les Hommes, qui qu'ils soient et quelque soient leurs langues, leurs cultures et leurs religions. Adolphe Gesché parle ainsi de « seconde incarnation du Christ[116] » ou d'une « véritable extension du corps du Christ au corps du prochain[117] ». « Le Verbe de Dieu, dit-il, s'incarne en autrui[118] », croyant chrétien, autre croyant ou sans croyance. Le Christ justifie lui-même sa présence en ce monde : « Le Fils de l'homme n'est pas venu pour être servi, mais pour servir et donner sa vie en rançon pour une *multitude* » (Mt 20,28 ; Mc 10,45). Uni à tous les Hommes, c'est à cette multitude, à ce monde, qu'il entend donner son corps : « Le pain que je donnerai, c'est ma *chair* pour la vie du *monde* » (Jn 6,51). Aussi réalise-t-il à la Cène, par anticipation de son offrande sur la croix, le don de son sang pour la multitude : « Buvez-en tous, car ceci est mon sang [...] qui va être répandu pour une *multitude* en rémission des péchés » (Mt 26, 27-28).

---

[115] *Gaudium et spes* n°22.
[116] GESCHÉ Adolphe, Article, *in* GESCHÉ A. et SCOLAS P. (sous la direction de), *Le corps, chemin de Dieu*, p.49.
[117] GESCHÉ Adolphe, Article, *in* GESCHÉ A. et SCOLAS P. (sous la direction de), *Le corps, chemin de Dieu*, p.50.
[118] GESCHÉ Adolphe, Article, *in* GESCHÉ A. et SCOLAS P. (sous la direction de), *Le corps, chemin de Dieu*, p. 51.

En effet, à la Croix, comme dit Balthazar, « Jésus meurt pour la *"multitude"*, pour les *"enfants de Dieu dispersés"* au-delà d'Israël (Jn 11,52) ; il n'est point de pécheur pour qui le Christ, par substitution, ne serait pas mort de la mort du pécheur dans l'éloignement de Dieu. C'est pourquoi l'Eucharistie ne peut qu'être célébrée *"sur le monde"* (comme le dit Teilhard), bien qu'elle constitue d'abord le corps ecclésial qui ne peut se comprendre luimême que pour la "multitude" (indénombrable). Le croyant croit pour ceux qui ne croient pas, communie pour ceux qui ne communient pas, car le corps qu'il reçoit a porté les péchés de tous[119] ».

Ainsi, le Christ fait de la *multitude* son *propre corps*, il s'identifie au prochain, à tel point que le jugement dernier portera sur le bien ou sur le mal fait à cet autrui, l'autre corps : « Dans la mesure où vous l'avez fait à l'un de ces plus petits de mes frères, c'est à moi que vous l'avez fait » (Mt 25,40 ; cf. v.45). Remarquons que les mots de Jésus « Faim, soif, étranger, nu, malade, prisonnier » (Mt 25, 35-39 ; 42-43) se rapportent au corps souffrant. Maltraiter, négliger ou porter attention au corps d'autrui, c'est maltraiter, négliger ou porter attention au Corps même du Christ. L'autre, surtout le baptisé, devient, en son corps, espace de christophanie – Christ se manifestant par lui – et lieu de rencontre avec le Christ, et partant, avec Dieu par le Christ. De la sorte, Dieu se rend accessible et se donne à connaître *via* autrui, parce que le Christ, l'Unique Médiateur, s'est uni à autrui.

Jésus, en disant à la Cène, « Ceci est mon corps », « Ceci est mon sang », *incorpore* à Lui, à son Corps personnel non seulement les Apôtres ou les disciples qui l'entourent, mais aussi tout Homme, toute l'humanité, pour laquelle il s'apprête à donner sa vie. Adolphe

---

[119] BALTHAZAR Hans Urs Von, *La vie surgit de la mort, Méditation sur le Mystère pascal*, Socéval Éditions, 2005, p.68.

Gesché exprime ainsi cet aspect de la théologie du corps eucharistique : « L'Eucharistie a un *in esse* (le corps sacramentel personnel du Christ), mais est aussi *in fieri* (sa poursuite, son élargissement au corps d'autrui au moment même de l'Eucharistie)[120] ». Dès lors, en mangeant le Corps du Christ, nous mangeons aussi, d'une certaine manière, le corps du prochain, non de façon anthropophagique comme en cannibalisme, mais en vérité sacramentellement, *symboliquement*. Bien sûr, le corps ecclésial, celui des chrétiens, participe à un titre particulier, comme Épouse (cf. Ep 5,32), à la vie même du Christ, son Époux, qui par amour « s'est livré pour elle » (Ep 5,25). Ceci étant, c'est toute l'humanité, la *multitude humaine*, qui est appelée à devenir en Christ « un seul corps » (1Co 10,17), dont il peut dire *déjà* « Ceci est mon corps » (1Co 11,24). Ce *déjà* signifie que la perspective eschatologique est présente à la Cène ainsi qu'à la Croix et renouvelée à chaque célébration de l'Eucharistie. Car ce qui est en cause et visé, ce n'est pas le salut de quelques-uns mais bien d'un salut universel, où même ceux et celles qui sont dits « païens » ne sont pas exclus.

e. **Un corps *orandus*, priant**, tel est le corps du chrétien. Selon Benjamin Sombel Sarr, « La réalité du corps est le lieu possible d'une expérience de Dieu qui permet de libérer l'imaginaire, dans la mesure où il le recentre en Christ[121] ». Celui-ci, le premier, a offert son corps, sa personne, en culte spirituel, pour accomplir la volonté de Dieu, le Père : « Tu m'as façonné un *corps* [...] Alors j'ai dit : Voici, je viens [...] pour faire, ô Dieu, ta volonté » (He 10, 5.7

---

[120] GESCHÉ Adolph, Article, *in* GESCHÉ A. et SCOLAS P. (sous la direction de), *Le corps, chemin de Dieu*, p. 54-55.
[121] SOMBEL SARR Benjamin, *op. cit.*, p.163.

TOB). Et partant, le baptisé, corps du Christ, est invité lui aussi à offrir son corps, sa personne, au Seigneur : « Je vous exhorte […] à offrir vos personnes [*sômata* : corps] en hostie vivante, sainte, agréable à Dieu : c'est là le culte spirituel que vous avez à rendre » (Rm 12,1). Prier avec son corps, c'est tendre à faire de son corps une prière. Le corps *orandus* devient, dans toute son expression, une *parole* de prière adressée à Dieu, un corps qui parle avec son Seigneur. Louis-Marie Chauvet l'exprime si bien et largement : « Le corps personnel est constamment sollicité dans la liturgie. Celle-ci le met en scène et en œuvre dans toutes ses composantes : celles depuis la jubilation jusqu'à ce silence sacré qui impressionne tellement parfois, en passant par la cantillation, la proclamation, la supplication ; celles des gestes et postures, depuis les corps dressés et les mains levées pour le *Notre Père* jusqu'au recueillement du corps dans l'intériorité, en passant par la prosternation, le balancement psalmique ou la lente procession de communion[122] ». Bref, il prie, le corps, congédiant les moments de distraction et la tentation d'indifférence, d'engourdissement ou de passivité spectatrice. Il *vit* la liturgie et la rend vivante. La *liturgisation* du corps met en exergue, non le corps lui-même en tant que tel, mais, et avant tout, ce qui est célébré, ou plutôt Celui qui est célébré, avec le corps : le Christ, et par lui, Dieu dans sa Trinité. Le corps, et plus largement la « corporéité », acquiert ainsi une valeur *religieuse* (*religare, religere*) comme médiation et lieu d'expérience spirituelle profonde. Promis à la résurrection, le corps peut déjà vivre dans la prière sa trancendantalité et ressentir une certaine communion avec Dieu.

---

[122] CHAUVET Louis-Marie, « Les sacrements ou le corps comme chemin de Dieu », in GESCHÉ A. et SCOLAS P. (sous la direction de), *Le corps, chemin de Dieu*, p. 117.

Dans la liturgie, le Corps du Christ *fait* le corps du chrétien, lui donne de se recevoir de Dieu comme don et de se construire progressivement comme promesse. Saint Cyprien disait à ce propos : « Ainsi nous réclamons '' notre pain'' quotidien, c'est-à-dire le Christ, afin que nous, dont la vie est dans le Christ, nous demeurions toujours unis à sa grâce et à son corps sacré[123] ». En effet, dans la prière du *Notre Père*, nous demandons le pain quotidien : « Donne-nous aujourd'hui notre pain de ce jour ». Le corps, formant un tout, a besoin de pain sous plusieurs formes, à ne pas dissocier et à demander au Père : le pain matériel : la nourriture, l'eau (eau de pluie, eau potable) particulièrement ; le pain humain et moral : la santé, le travail, le savoir, la culture, la justice, l'honnêteté, la paix, la liberté, la vérité, la dignité, la joie, le pardon, la fraternité, l'amitié, la solidarité, le partage et autres ; le pain spirituel : le Corps du Christ, la Parole de Dieu, la foi, l'espérance, la charité, la prière, les sacrements, l'Église, Dieu, l'activité missionnaire. De même que Dieu est appelé « Notre Père », de même, son Fils, son Verbe fait chair, peut être dit – pour reprendre l'expression de Saint Cyprien – « Notre Pain ». Toute sa vie de Dieu et d'homme est « pain » pour l'Homme, pour son Corps ecclésial, l'Église. L'Esprit Saint conduit ce corps-peuple, nourri au Corps viatique (Pain de route) tout au long de sa marche avec toute la *multitude* humaine, « vers un monde nouveau, où le *Logos*, le verbe éternel de Dieu, sera notre pain, la nourriture de l'éternel repas de noces[124] ». C'est dire que le culte spirituel par l'offrande de soi-même, la prière et surtout le Corps du

---

[123] CYPRIEN, cité par RATZINGER Joseph, *Jésus de Nazareth, 1. Du baptême dans le Jourdain à la transfiguration*, p. 180.
[124] RATZINGER Joseph, *Jésus de Nazareth, 1. Du baptême dans le Jourdain à la transfiguration*, Édition française sous la direction de Mgr DUTHEL François, Éditions Flammarion, Paris, 2007, p. 178.

Christ transfigurent le corps et le mènent vers sa destinée finale, la résurrection de la chair.

4.2.2. Un corps transfiguré

L'Évangéliste Luc rapporte ces faits : « Il [Jésus] gravit la montagne pour *prier*. Et il advint, comme il priait, que l'aspect de son visage devint *autre* et son vêtement, d'une *blancheur* fulgurante » (Lc 9,28c-29). Mathieu et Marc disent que Jésus « fut métamorphosé [*metemorphôtè*] » (Mt 17,2 ; Mc 9,2). À la différence de Mathieu et de Marc, pour Luc, selon Joseph Ratzinger, « La Transfiguration est un évènement de prière. Ce qui devient visible, c'est ce qui se passe quand Jésus parle avec le Père, dans l'unité intime de son être avec Dieu, qui devient pure lumière. Dans son union avec le Père, Jésus est lui-même lumière de lumière[125] ». Pierre, Jacques et Jean qui l'accompagnent sont témoins et ils voient Moïse et Elie, apparus, s'entretenir avec Jésus (cf. Lc 9,30). Ils « parlaient de son *départ*, qu'il allait accomplir à Jérusalem » (Lc 9,31) : « Le sujet de leur dialogue est la croix, précise Joseph Ratzinger, mais il faut la comprendre dans toute son extension en tant qu' ''exode de Jésus'', qui devait avoir lieu à Jérusalem. La croix de Jésus est un exode, une sortie hors de cette vie, une traversée de la ''mer Rouge'' de la Passion et un passage vers la gloire, qui porte néanmoins toujours les stigmates de la Passion[126] ». Jésus, dans son itinéraire, doit connaître la passion et la mort (Mt 16, 21 ; Mc 8,31). Pierre qui pense autrement sera rabroué sévèrement par Jésus : « Passe derrière-moi, Satan ! » (Mt 16, 23 ; Mc 8,33).

---

[125] RATZINGER Joseph, *op. cit.*, p. 338.
[126] RATZINGER Joseph, *op. cit.*, p. 339.

Pour Camille Focant, « La transfiguration peut sans doute être considérée comme une prolepse de la résurrection de Jésus[127] ». Sa *métamorphose* (cf. Mathieu et Marc) *anticipe* son Mystère pascal, à savoir, l'épreuve de la passion, de la croix et du tombeau, puis l'événement de la résurrection glorieuse. L'onction de Béthanie faite par la femme anonyme (Mt 26,6-13) est aussi une prolepse, celle de la sépulture de Jésus ; celui-ci l'accepte comme onction funéraire : « Si elle a répandu ce parfum sur mon *corps*, c'est pour m'ensevelir qu'elle l'a fait » (Mt 26,12 ; cf. v.7). L'onction de son vivant est un signe prophétique de sa résurrection ; elle annonce déjà que l'onction au tombeau n'aura pas lieu. En effet, selon Marc et Luc, les femmes, parties au tombeau après le Sabbat pour oindre le corps de Jésus avec des aromates achetés (Mc 16,1 ; Lc 24,1), n'ont pas trouvé de corps à oindre, car Jésus était ressuscité avec son corps (cf. Mc 16,6 ; Lc 24,3.5-6). En Mathieu, les femmes n'apportent rien au tombeau (cf. Mt 28,1), donc le problème d'onction ne se pose pas. Et selon Mathieu, Marc et Luc, Joseph fait la mise au tombeau sans oindre le corps de Jésus (cf. Mt 27,59-60 ; Mc 15,46 ; Lc 23,53). Seul Jean rapporte que Joseph d'Arimatie et Nicodème ont assuré une onction au corps de Jésus lors de l'inhumation (cf. Jn 19,38-40). Ainsi, à travers ce qui advient à son corps (transfiguration et onction à Béthanie), Jésus vit déjà ce qui va lui arriver ; il prévient et prépare ses Apôtres : il mourra, certes, mais il ressuscitera, vainqueur de la mort (Mt 17,12 ; Mc 9,9-10).

---

[127] DEL AGUA Augustin, « The Narrative of the Transfiguration as a Derashic Scenification of a Faith Confession (Mark 9,2-8 Par.)", New Testament Studies, t. 39, 1993, p. 340-354, voir p. 345 et 347, cité par FOCANT Camille, « La métamorphose des corps », *in* GESCHÉ A. et SCOLAS P. (sous la direction de), *Le corps, chemin de Dieu,* p. 152.

4.2.3. Un corps ressuscité

« C'est Jésus le Nazarénien que vous cherchez, le crucifié : il est ressuscité, il n'est pas ici » (Mc 16,6). Pour Camille Focant, « Dire que le crucifié est ressuscité est une parole de vie tirée de la mort[128] ». Jésus ne *se* ressuscite pas, il *est* ressuscité. C'est un passif théologique, car c'est Dieu qui ressuscite l'homme Jésus (cf. Rm 8,11). Nul n'a vu Jésus en train d'être ressuscité (l'acte s'accomplissant). Les témoins l'ont vu ressuscité (l'acte étant déjà accompli). C'est dire que ce qui arrive à Jésus de façon personnelle, dans l'intimité avec son Père, bien que fait historique, ne se prouve, ne se démontre, mais se donne à croire, et « sans avoir vu » (Jn 20,29). Sa résurrection, événement unique dans l'Histoire, est lieu et fondement de foi, d'identité et de mission pour le chrétien, et lui permet de « tenir bon jusqu'au bout » (Mt 24,13). Son corps ressuscité conserve, comme signes témoins, les stigmates de sa crucifixion : « Voici mes mains [avec les marques des clous], avance ta main et mets-là dans mon côté », dit Jésus à Thomas incrédule (Jn 20,27). Ce n'est pas un corps fantôme (cf. Mt 14,26 ; Mc 6,49).

Joseph Famerée exprime la *nouveauté* du corps dans la continuité et son *lien* avec l'avenir du nôtre : « C'est du sein de cette « *corporéité* » morte (qui avait cessé d'être un corps-à-notre-monde) qu'il [Jésus] a été relevé par son Père dans la force de l'Esprit, recevant une corporéité nouvelle, un corps-au-monde-nouveau qui deviendra un jour notre monde […] La résurrection n'est pas abandon de corporéité, mais transformation de celle-ci : notre corporéité

---

[128] FOCANT Camille, « La métamorphose des corps », *in* GESCHÉ A. et SCOLAS P. (sous la direction de), *Le corps, chemin de Dieu,* p. 157.

actuelle est renouvelée, recréée, *mais c'est bien elle*[129] ». En cela, « Il est apparu en Jésus lui-même, dit Wolfhar Pannenberg, que l'homme était destiné à la vie ressuscitée[130] ». Autrement dit, la résurrection de Jésus ne concerne pas que lui seul mais tout le genre humain. Sa résurrection personnelle témoigne de la résurrection de tous les morts. « Dans le mystère de sa résurrection, chacun de nous est *déjà* ressuscité[131] ». Et même, par l'Ascension de Jésus au Ciel avec son corps ressuscité, pour être glorifié définitivement avec son corps, le corps humain est assis avec lui à la droite du Père. « Le corps est désormais patrimoine commun de Dieu et de l'homme[132] ». D'une part, la résurrection de Jésus fonde la foi et l'espérance en la résurrection de la chair, et d'autre part, la foi et l'espérance en la résurrection des morts (de la chair) témoignent de la résurrection de Jésus lui-même. L'Apôtre Paul exprime ce double rapport de dépendance en ces termes : « Si les morts ne ressuscitent pas, le Christ non plus n'est pas ressuscité […] Mais non, le Christ est ressuscité d'entre les morts, prémices de ceux qui se sont endormis » (1Co 15,16.20). Mais « ce que nous serons n'a pas encore été manifesté » (1Jn 2,2) totalement. Il ne le sera qu'à l'*eschaton*, à la fin des temps.

---

[129] FAMERÉE Joseph, Article, *in* GESCHÉ A. et SCOLAS P. (sous la direction de), *Le corps, chemin de Dieu*, p.28.
[130] PANNENBERG Wolfhart, *Enquisse d'une christologie*, Nouvelle édition, Traduit de l'Allemand par LIEFOOGHE A., Les Éditions du Cerf, 1999, p. 242.
[131] Préface n°2 du temps pascal.
[132] GESCHÉ Adolphe, Article, *in* GESCHÉ A. et SCOLAS P. (sous la direction de), *Le corps, chemin de Dieu,* p. 39

4.3. Un corps eschatologique

Wolfhar Pannenberg relève que « L'homme [...] est le seul être qui sache que la mort l'attend. C'est cette connaissance qui lui permet de s'interroger sur l'au-delà de la mort [133] ».

4.3.1. Le pays des défunts (*cúlú*)

Pour l'Homme traditionnel, « Les morts ne sont pas morts[134] », la vie est en deçà et par delà la mort. Le corps, sans doute autre que sous la forme de corps-enveloppe (*fòrhó*) périssable dans la tombe, survit à la mort, sous une forme nouvelle mais identifiable. Le rite du « *da yi* » (autel sacrificiel familial) montre bien que la mort n'est pas la fin de la vie mais un *passage*, une traversée, qui conduit au « *cúlú* » (pays des défunts) où la vie se poursuit. René Tabard et Éric de Rosny expriment le lien vie-mort en termes de *visibilité* et d'*invisibilité* : « Le défunt [...] passe du monde visible à un monde invisible, ou plus précisément d'un monde qui manifeste plus sa visibilité à un monde plus invisible. Pour Éric de Rosny, l'Homme est tout entier visible et tout entier invisible : ''La distinction dans l'homme ne se fait pas entre l'âme et le corps, le physique et le psychique, mais selon sa visibilité et son invisibilité[135]'' [...] La visibilité du corps de l'homme n'épuise pas la réalité de la personne et son invisibilité n'exclut pas son existence[136] ».

---

[133] PANNENBERG Wolfhar, *op. cit.*, p. 98.
[134] DIOP Birago, *Les contes d'Amadou Koumba*, Éditions Présence Africaine, Paris, 1961, p. 174, cité par TABARD René, *op. cit.*, p. 62.
[135] De ROSNY Éric, *Les yeux de ma chèvre*, Éditions Librairie Plon, Paris, 1981, p. 122, cité par TABARD René, *op. cit.*, p. 64.
[136] TABARD René, *op. cit.*, p. 64.

En milieu traditionnel, lorsqu'il y a des problèmes, tels la maladie et la mortalité infantile, il est de coutume que le « chef » de famille (*kèlé cóbal*) aille consulter le devin- guérisseur (*jə̀-pέrέ cóbal*), pour recevoir de lui la conduite à tenir et les dispositions à prendre. Celui-ci peut lui dire, s'il n'a pas déjà le *da yi* chez lui : « *Zhəl ń kwè ǹ da yi* » : « Va prendre ton da yi ». Le « da yi » est l'autel familial de sacrifice ; en fait, il est le substitut du père défunt. « *Ń kwè ǹ da yi* », « prendre ton da yi » est une expression consacrée à ce genre particulier de pratique : le verbe « e kwè » veut dire prendre, mais en fait, il signifie plus que prendre ; il semble plutôt indiquer un ensemble d'actes, de gestes, d'attitudes, de paroles, autrement dit, tout un comportement, un *rite* qui va de la recherche du « da yi » jusqu'au sacrifice lié à son installation à domicile. Le propriétaire du « da yi » préside lui-même au sacrifice d'installation ou d' « institution » (*in stare*), du « da yi » modelé à l'entrée de la maison. Nous rapportons ci-dessous, en *lyèlé*, un exemple, parmi tant d'autres, du rite sacrificiel proprement dit[137].

« À da yi, nyĭ à tɔ̀mɔ̀ wá, à n'â pɛ mɔ́ nɛɛkwélé y kèbé (*ǹdɔ́ ń nɔ́ ń ló w ń kɔ́kélé da yi rí*). Nyĭ à jɛ̃ nə-zúl náncəcèné, à n'â pɛ mɔ́ (*ǹdɔ́ ń nɔ́ ń twərh mo da yi rí yɔ́*), ǹdɔ́ à jɛ̃ mún nɛ̃ mɔ́ (*n twərh rə̀ yɔ́*).	« Dieu de mon père, voici ma cendre, que je t'offre (*en la versant autour du da yi*). Voici la bonne eau fraîche de ma main que je t'offre (*il en verse une partie sur le da yi*), et l'eau farineuse de ma main (*il en verse là-dessus*).
Ǹ byă bé n'ê lyĭrh ǹ yò. Ǹ gə yú	Tes enfants se souviennent de

---

[137] Ces paroles sacrées du rite du *da yi*, données comme exemple, ont été enregistrées lors d'une séance d'enquête sur divers thèmes avec plusieurs personnes et non durant un sacrifice. L'interlocuteur cependant hésitait à les dire en dehors du cadre sacrificiel.

cúlú wə, só lyĭrh bə̀ yò náncə̀cèné, ǹdə bə̀ gó lyĭrh ǹ yò né mó.

Ǹ gə yú cóló w zhə̀nà, só ń zẽ̀ ń zwẽ cóló w ń jí, ǹ vwĩ̀ gə túwó só ń mó zwól ǹ vwĩ̀ rí. Só sẽ à kə̀lé y nɛ, ń sẽ dwí rí ni. (*N gu có-párhá y è jal mó lyilyere da yi rí yõ*).

Nyĭ à có-bya yá, è m'a dùlí e zhɛ̀rh mó tẽ́ ń vò gɔ sõ (*n gwi y n ji tẽ́*).

Nyĭ à vwǎm mó, ǹ mà ń lyẽ mo tẽ́, cìzhìl gə túwó, só ń mó ń pàr rɛ (*n gu mə̀myɛ*) ».

toi. Si tu es parvenu au séjour des morts, souviens-toi bien d'eux, comme ils se sont souvenus de toi. Si tu es parvenu vraiment chez les morts, lève-toi donc prendre la poule et la garder pour toi, afin de l'offrir en sacrifice si tu as un sacrifice à faire. Et porte secours aux gens de ma maison, porte secours à la famille. (*Il égorge le poulet et fait couler son sang sur le da yi*).

Voici mon coq, il te réveillera tôt le matin pour que tu ailles (au champ) en brousse (*il le tue puis le jette à terre*).

Voici ma bête, tu la garderas attachée, pour parer au besoin urgent (enlever la honte) si un tel besoin (honte) survient (*il la tue aussi*) ».

Ces paroles sacrificielles témoignent qu'au séjour des défunts (*cúlû*), la vie paraît semblable à celle d'ici-bas, elle est comme un duplicata, *mutatis mutandis,* de la vie déjà vécue, presque une reproduction ou une répétition de l'existence terrestre. « Le village des morts est une copie de la vie terrestre[138] ». Au *cúlú*, village des défunts, on boit, on mange, on dort, on se lève, on va au champ travailler, on a des joies et des peines, on fait des sacrifices, on veille sur les siens restés au village, etc. Donc le défunt (*cílbal*) ou la défunte (*cílkɛ̃*) a bel et bien un corps et la vie continue sans grand changement, du moins selon la liturgie rituelle en contexte traditionnel.

Le corps témoigne de l'unité irréductible, immano-transcendantale, de l'être humain, même dans les situations de souffrance et de douleur. En effet, malade ou inerte, le corps s'impose comme présence qui interroge et interpelle : ce corps, dans son excès de visibilité – car, dans de telles situations de souffrance, il focalise toute l'attention sur lui – donne pourtant à voir au-delà de lui-même, à lire cette transcendance inscrite dans sa chair, dans son immanence matérielle, comme à la fois réalité et promesse de rédemption[139]. Dire, avec l'Homme traditionnel, que le corps n'est corps que *vivant* – et même mort, il le croit vivant et il peut lui parler – c'est reconnaître qu'il y a un lien indissociable, indestructible – la mort ne l'interrompt que provisoirement et encore – établi pour toujours entre le corps et la vie. Le corps est fait *pour* la vie. En outre, le corps-unité, comme totalité de l'être humain, vit par-delà la

---

[138] ROELANTS, F., « Conception de l'âme et de l'esprit de mort chez les Boma », in *Mort, funérailles, deuil et culte des Ancêtres*, Bandundu, Pub. C.E.E., 1967, p. 116, cité par TABARD René, *op. cit.*, p. 64.

[139] « Le statut de la densité de la présence du corps est désigné : ce qui, à cause de la présence physique qui s'impose alors que la communication s'est effacée, peut être perçu au-delà du seul poids de l'immanent, et même davantage encore est peut-être une présence de la trace de la transcendance […] Cette transcendance […] ne renvoie-t-elle pas, au fond, à l'inscription dans la matière de la temporalité du geste créateur […] ? » (Bruno Cadoré, Article, *in* GESCHÉ A. et SCOLAS P. (sous la direction de), *Le corps, chemin de Dieu*, p. 174).

mort. Être ressuscité veut dire alors ne plus jamais mourir : *tout* l'Homme vit une vie nouvelle, son corps revêtant aussi l'immortalité. Si Jésus passe de la vie à la mort puis de la mort à la vie, du visible à l'invisible, « la vie de Jésus au-delà de sa mort, fait remarquer René Tabard, n'est pas une pure continuité de vie terrestre pour un temps seulement, elle n'est pas un retour à la vie terrestre antérieure. Jésus ne retrouve pas sa vie passée ; il entre dans une nouvelle vie[140] ». Cette *nouvelle* vie est la Vie même de Dieu et non une vie humaine, fût-elle du monde des Ancêtres (*cúlú*). Là est *toute la nouveauté*, objet de révélation en Jésus-Christ.

4.3.2. Dieu est La Vie

Dieu est le Vivant par excellence, à tel point qu'il est souvent appelé « *Dieu vivant* » (Dt 4,33 ; Ps 84,3 ; Jr 10,10 ; Ac 14,15 ; Ap 7,2 ; etc.). Pour Walter Kasper, « L'Ancien Testament ne connaît pas de monothéisme figé, mais un Dieu vivant qui est la *plénitude surabondante de la vie* et de la miséricorde[141] ». En Dieu est la « source de vie » (Ps 36,10) ; Ap 21,6). Il est le Dieu non des morts mais des vivants (Mt 22,32 ; Mc 12,27 ; Lc 20,38). Walter Kasper montre comment l''Évangéliste Jean caractérise la relation vitale entre le Père et le Fils : « Le Père possède cette vie en lui-même ; il a donné au Fils d'avoir également la vie en soi (Jn 5,26) et de la donner aux Hommes (Jn 17,2). Cette vie consiste dans la connaissance que Jésus-Christ est la vie, parce qu'il est vie de vie, Dieu de Dieu, lumière de lumière (Jn 17,7). La vie consiste par

---

[140] TABARD René, *op. cit.*, p. 322.
[141] KASPER Walter, *Le Dieu des chrétiens*, Traduit de l'allemand par KLEIBER Morand, Les Éditions du Cerf, Paris, 1996, p. 350 (la forme italique est un ajout pour souligner).

conséquent dans la connaissance de la gloire que Jésus possède auprès du Père avant l'existence du monde (Jn 17,5)[142] ». À Césarée de Philippe, Simon-Pierre confesse Jésus « Fils du Dieu vivant » (Mt 16,16). Paul compare la communauté chrétienne de Corinthe à une lettre du Christ écrite non avec de l'encre, mais avec l'Esprit Saint, « l'Esprit du Dieu vivant » (2Co 3,3). Oui, Dieu est la *Vie* elle-même.

Cette vie divine est trinitaire. Elle est fondamentalement *Amour*, car Dieu est l'Amour même (1Jn 4,8.16). Cet Amour-Vie signifie relation interpersonnelle, communion[143] au sein de la Sainte Trinité : comme aime dire François Bousquet – citation *ad sensum* – le Père est l'Amour qui se donne, le Fils est l'Amour accueilli et l'Esprit l'Amour partagé. Saint Augustin avait exprimé le mystère de la Trinité de façon semblable, en utilisant le concept de l'amour pour le rendre intelligible : « Voici, ils sont trois : l'amant, l'aimé et l'amour[144] ». Walter Kasper définit ainsi l'amour : « L'amour signifie une unité qui n'absorbe pas l'autre, mais l'accepte justement et l'affirme dans son altérité et

---

[142] KASPER Walter, *op. cit.*, p. 357.

[143] Le mot « communion » (avec deux « m ») : de « *cum* », avec, ensemble, et « *munus, eris*, n », devoir, office, service, charge : ceux qui sont en *com-munion* partagent la même charge, assurent le même office ou service ; ils assument ce devoir dans un esprit de collaboration et de coresponsabilité. Aussi *com-munier* à la Sainte Communion (au Corps du Christ), c'est recevoir une *tâche* à remplir, c'est être missionnaire *avec* l'Église. Ceci étant, j'écrirai volontiers le mot avec un seul « m » également : « comunion » : de « *cum* », avec, ensemble, et « *unus* », un : ceux qui sont en *com-union* sont unis les uns aux autres, liés ensemble ; ils vivent l' « unité dans la diversité » (devise de Mgr Anthyme Bayala). Jésus priait ainsi son Père : « Que tous soient un » (Jn 17,11.21). Pour un témoignage vrai de l'amour, le *cum munus* appelle le *cum unus*, et réciproquement. C'est dans l' « Uni-Trinité » que ce double sens du mot (*cum munus* et *cum unus*) trouve accomplissement parfait.

[144] AUGUSTINUS, *De Trinitate* VIII, 10(CCL50,290s.) ; cf. IV,2.4(CCL50294s., 297-300), cité par KASPER Walter, *op. cit.*, p. 289.

l'institue seulement ainsi dans sa vraie liberté. L'amour [...] donne à l'autre non pas quelque chose, mais lui-même[145] ». En transposant cette structure à la vie, on pourrait dire : le Père est le Vivant, le Fils est le Vivifié (il est vie et vivifie) et l'Esprit est la Vie échangée du Père et du Flisa. Le Pape Jean-Paul II disait aux jeunes musulmans à Casablanca (Maroc) en Août 1985 : « L'unité de Dieu s'exprime dans le mystère des trois personnes divines. En effet, puisqu'il est Amour (cf. 1Jn 4,8), Dieu est depuis toujours le Père qui se donne entièrement en *engendrant le Fils*, tous deux unis dans une communion d'amour qui est l'Esprit Saint. Cette distinction et cette compénétration (périchorèse) de trois personnes divines ne s'ajoutent pas à leur unité mais en sont l'expression la plus profonde et la plus caractéristique [...] le monothéisme trinitaire, typique du christianisme, reste un mystère inaccessible à la raison humaine, qui est cependant appelée à accepter la révélation de la nature intime de Dieu [146]».

La Trinité est un « mystère » : Van Nispen commente le sens chrétien que le Pape Jean-Paul II donne au mot : « Le mystère ne signifie pas, pour la foi chrétienne, ''énigme'' ou pure obscurité, mais, au contraire, un espace de surplus de sens, un sens étonnant et admirable, qui nous saisit, plus que nous le saisissons. Le mystère invite, non pas à une élimination de la raison, mais à un dépassement de ce que cette raison peut atteindre par ses propres forces[147] ».

Dieu est Amour-Vie signifie aussi relation et communion avec l'Homme : l'être humain est son « ami » (cf. Jn 15, 14-15 ; Ex 33,11 ; *Lumen gentium* n°2). Le statut et l'avenir de l'être humain, des

---

[145] KASPER Walter, *op. cit.*, p. 289.

[146] JEAN-PAUL II, cité par Van NISPEN tot SEVENAER Christian, *Chrétiens et Musulmans, frères devant Dieu ?* Les Éditions de l'Atelier / Les Éditions Ouvrières, Paris 2004, p. 141.

[147] Van NISPEN tot SEVENAER Christian, *op. cit.*, p. 141.

religions et des cultures sont à situer dans cet Amour-Vie de l' « Uni-Trinité ». Ce que vit Dieu Un et Trine, Dieu invite l'Homme à le vivre avec Lui : « Le mystère trinitaire nous invite à une participation à la vie divine – Vie de relation et d'amour infini – […] Elle nous fait découvrir l'unité entre les personnes humaines comme un profond respect pour la différence et la distinction ; les personne y deviennent d'autant plus unies qu'elles s'acceptent distinctes, et d'autant plus distinctes et uniques qu'elles sont plus profondément unies[148] ». La Révélation, qui est auto-communication de Dieu, est *don* de cet Amour-Vie. Cette communion et cette amitié de Dieu avec l'Homme en Jésus-Christ sont salut et vie pour l'Homme. Dieu *sauve* (sens premier du nom « Jésus ») parce qu'il *aime*, et parce qu'il aime, il *donne sa vie* en partage. Cet Amour de communion salvifique est universel, car il n'exclut personne et ne connaît pas de frontières.

Le Fils de Dieu *incarné* est la manifestation *plénière* de cet Amour-Vie. Il a donné sa vie, comme signe de son plus grand amour pour tous les Hommes (cf. Jn15,15) : « Sur la Croix […] est la rencontre de tous les hommes : l'homme est dans sa mort et Dieu l'y rejoint. Seul le Dieu d'Amour est vainqueur de la mort[149] ». Et l'Esprit « offre à tous, d'une façon que Dieu connaît, la possibilité d'être associés au mystère pascal[150] ». C'est lui, l'Esprit, qui guidera (*hodegései*) vers la vérité tout entière (Jn 16,13). « Le mot ''guidera'' (*hodegései*) inclut le chemin (*hódos*). L'Esprit Saint guide donc sur

---

[148] Van NISPEN tot SEVENAER Christian, *op. cit.*, p. 142.
[149] COMMISSION THEOLOGIQUE INTERNATIONALE, *Le Christianisme et les Religions*, Préface par Joseph DORE, Paris, Éditions Centurion / Les Éditions du Cerf 1997, paragraphe n°113, p.97.
[150] *Gaudium et spes* n°22.

le chemin qu'est Jésus, qui conduit au Père[151] » (cf. Jn 14,6). Paulin. Poucouta explicite l'action de l'Esprit Saint : « Dans la Septante, le verbe *hodéô* s'applique à Dieu qui conduit son peuple à travers le désert et le guide sur le chemin de la vérité. Désormais, c'est l'Esprit qui enseigne, rappelle et témoigne. Il suscite une relecture permanente de la parole de Dieu[152] ». C'est unis l'un à l'autre que le Christ et l'Esprit agissent, dans une communion d'amour, pour réaliser la Volonté du Père et donner l'amour et la Vie à l'Homme. C'est l'amour qui fait vivre. Et parce qu'il est de Dieu, il fait vivre pour toujours. Selon Joseph Ratzinger, c'est cet Amour qui incite l'Homme à désirer l'éternité : « Qu'est-ce qui pousse l'homme à vouloir durer ? Ce n'est pas le moi isolé, mais c'est l'expérience de l'amour : l'amour veut que l'être aimé soit éternel et veut par conséquent l'être aussi. […] L'immortalité n'est pas dans l'homme lui-même ; elle repose sur une relation, sur ce rapport avec ce qui est éternel et avec ce qui donne à l'éternité tout son sens. Cet élément durable, qui est capable de donner la vie et de la combler, c'est la vérité, c'est l'amour. Si l'homme peut vivre éternellement, c'est parce qu'il est capable d'être en relation avec ce qui donne l'éternité[153] », l'éternité qui est Vie manifestée en Jésus-Christ.

4.3.3. Vivre, c'est le Christ

Bakole Wa Ilunga exprime en ces termes la plus grande aspiration de l'Homme : « Vivre, vivre pleinement, augmenter et renforcer la

---

[151] COMMISSION THEOLOGIQUE INTERNATIONALE, *op. cit.*, paragraphe n° 59, p. 62.
[152] POUCOUTA Paulin, *op. cit.*, p.195..
[153] RATZINGER Joseph, *La communion de foi, Tome II, Discerner et agir*, Collection Communio, Éditions Parfole et Silence, 2009, p.39.

vie, voilà notre désir le plus profond[154] ». L'Apôtre Paul, de sa prison, écrit aux Philippiens : « Pour moi, vivre, c'est Christ, et mourir m'est un gain » (Ph 1,21 TOB). À propos de ce verset, quelques éléments du commentaire de Jean-Noël Aletti[155] peuvent être retenus. « *Pour moi* » souligne la conviction propre de Paul. Celui-ci a deux certitudes : « 1. vivre, c'est le Christ, 2. mourir est préférable [...] car elle permet une union (et donc une vie) pleine et totale avec le Christ[156] ».

Le verbe « vivre » est amphibologique : d'une part, pour Paul, il désigne sa vie ici-bas, « actuelle, dans la chair, mortelle donc[157] », « son existence terrestre déjà entièrement christifiée[158] » ; d'autre part, il inclut aussi « la vie reçue par la foi, la vie en Christ, vie éternelle qui n'aura pas de fin, puisqu'elle sera celle des ressuscités[159] », « vie éternelle déjà reçue en partage grâce à l'œuvre salvifique du Christ et qui continuera après la mort. Par sa formulation paradoxale : « mourir m'est un gain », le texte laisse même entendre qu'après la mort, l'union et la vie avec le Christ sont encore plus fortes[160] », plus denses et définitivement totales.

« *Et mourir m'est un gain* » : pour l'Apôtre Paul, « la mort physique n'est un gain que si elle ne sépare pas du Christ[161] ». Si Paul préfère mourir, ce n'est pas « parce que la vie sur terre n'a pas

---

[154] BAKOLE WA ILUNGA, *Chemin de libération*, Kananga, Éditions de l'Archevêché, 1981, p. 9, cité par TABARD René, *op. cit.*, p. 331.
[155] ALETTI Jean-Noël, *Saint Paul, Epître aux Philippiens, Introduction, traduction et commentaire*, J. GABALDA et Cie, Éditeurs, Paris, 2005, p. 85-87.
[156] ALETTI Jean-Noël, *op. cit.*, p. 85.
[157] ALETTI Jean-Noël, *ibid.*, p. 85.
[158] ALETTI Jean-Noël, *op. cit.*, p. 86.
[159] ALETTI Jean-Noël, *op. cit.*, p. 85.
[160] ALETTI Jean-Noël, *op. cit.*, p. 86.
[161] ALETTI Jean-Noël, *op. cit.*, p. 86.

de sens ; elle a déjà un sens puisqu'elle est entièrement christifiée, par son apostolat autant que par l'itinéraire de sa foi. Ce n'est pas davantage parce qu'il veut échapper à ses tribulations actuelles, car elles ont pour effet de faire progresser l'Evangile et de faire connaître le Christ. S'il considère le fait de mourir comme un gain, c'est seulement pour lui-même, pour être dans une union pleine avec son Seigneur[162] ». Ainsi, « pour le croyant, il est préférable d'être dans une union pleine avec le Seigneur, et la mort est la condition *sine qua non* pour que se réalise une telle ionun[163] ». Autrement dit, mourir, c'est vivre pleinement. Comme dit Von Balthasar, « La vie surgit de la mort[164] ». Celle-ci permet à la vie humaine de se réaliser totalement, c'est-à-dire, d'être avec le Christ » (Ph 1,23 : *sun Kristô einai*), de « demeurer auprès du Seigneur » (2Co 5,8 : *endèmèsai pros ton Kurion*).

« Vivre, c'est Christ » (TOB) ou « La Vie, c'est le Christ » (BJ), cela signifie que vivre ou la vie, ce n'est pas quelque chose, c'est Quelqu'un : le Christ. L'Apôtre Paul a conscience de son union vitale avec le Christ qu'il appelle « mon Seigneur » (Ph 3,8). À tel point qu'il dit : « Ce n'est plus moi qui vis, mais le Christ qui vit en moi » (Ga 2,20) ou encore : « Le Christ sera glorifié dans mon *corps,* soit que je vive soit que je meure » (Ph 1,20). Pour Paul, Christ est « notre vie » (Col 3,5). Pour Jean, Jésus-Christ est « le Dieu véritable et la vie éternelle » (1Jn 5,20) ; c'est lui, selon Pierre, « le Prince de la vie » (Ac 3,15). La vie du chrétien, toute son existence est orientée vers le Christ, qui en est l'objectif et le centre. Chez l'Homme traditionnel, avons-nous vu, c'est la vie qui est l'axe central autour

---

[162] ALETTI Jean-Noël, *op. cit.*, p. 86.
[163] ALETTI Jean-Noël, *Ibid.*, p. 86.
[164] BALTHASAR Hans Urs Von : *La vie surgit de la mort* : c'est le *titre* de son livre déjà cité.

duquel tout tourne et tout est au service de cette vie : les vivants, les défunts (Ancêtres), les Puissances, et même l'Être Absolu, Dieu (*Yi*). Une telle vision de la vie est « biocentriste » (*bios*, vie [au] *centre*). Mais cette vie, selon la conception traditionnelle, n'est pas une personne, et elle reste purement humaine après la mort, sans union véritable avec *Yi*, et même sans libération totale puisqu'elle demeure assujettie dans l'au-delà (*cúlû*) aux dures tâches de la vie terrestre. L'Homme n'est pas parvenu à être *en* Dieu, et donc n'a pas, au sens fort du terme, la Vie divine *en* lui pour vivre de cette Vie. Le monothéisme trinitaire (un Dieu Un et Trine, Amour-Vie), typique du christianisme uniquement, est inconcevable dans la tradition religieuse et culturelle de l'Homme traditionnel. Pour le tradi-chrétien, il lui faut opérer une conversion de conception, et partant, de comportement : mettre, au centre de sa vie, le Christ qui est la Vie et des Vivants et des Morts, et subordonner tout dans sa vie, même les Ancêtres et les Puissances tutélaires, au seul Christ, Seigneur. Il s'agit pour lui de passer d'un biocentrisme traditionnel à un christocentrisme où la vie de l'Homme atteint sa plénitude surabondante en Dieu.

Dans une théologie christocentrique, c'est en définitive la Trinité qui est, par le Christ, au centre. Autrement dit, le christocentrisme renonce au christomonisme, lequel oublie, néglige ou exclut le Père et l'Esprit, car le Christ agit toujours au nom de son Père et dans l'unité du Saint Esprit. Et l'Homme également est rendu au centre avec le Christ, car depuis l'incarnation, celui-ci s'est uni à lui à tout jamais. Dans l'existence chrétienne christocentrique, « vivre, c'est le Christ » veut dire aussi vivre du Christ, se nourrir de lui. Sa Parole est vie, son Corps est vie (cf. supra : Pain de vie). « L'Eglise [et donc le Chrétien] vit de l'Eucharistie[165] » dit le Pape Jean-Paul II (titre de Lettre encyclique). « A juste titre, poursuit le Pape, le Concile Vatican II a proclamé que le Sacrifice eucharistique est "source et sommet de toute la vie chrétienne"[166] ». Et il ajoute : « La très sainte Eucharistie contient en effet l'ensemble des biens spirituels de l'Eglise, à savoir le Christ lui-même, notre Pâque, le pain vivant, qui par sa chair, vivifiée par l'Esprit Saint et vivifiante, procure la vie aux hommes[167] ». Le tradi-chrétien passe alors du *bios* traditionnel au *zôè* trinitaire ou vie éternelle du Père, du Fils et de l'Esprit.

Dans cette optique, le *salut* pour l'Homme peut être conçu comme « la plénitude de sa vie, plénitude à laquelle il aspire et à laquelle il ne parvient jamais au cours de son existence terrestre[168] ». Le corps (physique) de Jésus, par sa singularité et son unicité, a déjà atteint, par sa résurrection et sa glorification, sa destinée finale : l'union avec Dieu. « Jésus est le représentant des hommes devant Dieu, il réalise la destinée de l'homme en sa propre personne[169] ». Elevé de terre et exalté, le corps de Jésus est le *corps eschatologique* par excellence qui attire à lui tous les corps humains : « Une fois élevé de terre, j'attirerai tous les hommes à moi » Jn 12,32). Le Verbe de Dieu, note Joseph Ratzinger, « "s'est fait homme" […] il *est* homme. Il le reste pour toujours. A travers lui, l'humanité reçoit de rentrer dans la nature même de Dieu : tel est le fruit de la mort.

---

[165] JEAN-PAUL II, *L'Eglise vit de l'Eucharistie*, Lettre encyclique (*Ecclesia de Eucharistia*), Présentation par Mgr RICARD Jean-Pierre, Documents d'Église, Bayard Éditions, Fleurus – Mame et les Éditions du Cerf, Paris, 2003.
[166] *Lumen gentium* n° 11, cité par JEAN-PAUL II, *op. cit.*, p. 3.
[167] *Presbyterorum ordinis*, n°5, cité par JEAN-PAUL II, *op. cit.*, p. 3.
[168] PANNENBERG Wolfhart, *op. cit.*, p. 241.
[169] PANNENBERG Wolfhart, *op. cit.*, p. 247.

Nous sommes *en* Dieu[170] ». De ce point de vue, on pourrait dire que l'« hominisation » (*homo, hominis*) du Verbe divin, le fait d'être devenu homme, est en quelque sorte une « divinisation » de l'*homo*, l'Homme, non pas pour devenir Dieu, mais prendre part à la Vie divine dans l'union avec Dieu.

Pour pouvoir partager pleinement cette Vie divine à la fin des temps, « Comment les morts ressuscitent-ils ? Avec quels corps reviennent-ils ? » (1Co 15,35). L'Apôtre Paul tente de répondre à cette question embarrassante : « On est semé corps psychique [*sôma psuchiton*], on ressuscite corps spirituel [*sôma pneumatikon*] » (1Co 15,44a)[171]. Le corps psychique pourrait désigner l'Homme en tant que tel, ne possédant que ses seules ressources naturelles, ne recourant qu'à sa seule sagesse humaine : « L'homme psychique, écrit l'Apôtre Paul aux Corinthiens, n'accueille pas ce qui est de l'Esprit de Dieu : c'est folie pour lui et il ne peut le connaître, car c'est spirituellement qu'on en [les choses spirituelles] juge » (1Co 2,14). De l'avis de Camille Focant, « Dans un cas, il [le corps] est corps psychique, mû par une *psuchè*, une âme. Il peut être transformé, s'il est mû, animé par le *pneuma*, l'Esprit, celui de Jésus et de Dieu. Pour Paul, le corps subsiste. Et je crois que nous ne le trahissons pas, continue Camille Focant, en transposant en nos termes : la personnalité, l'identité personnelle subsiste. Il ne répond pas aux questions du comment, ni de la forme. Ce qui changera, c'est l'animation de cette personnalité par l'Esprit, le Souffle saint. L'adjectif ''pneumatique'' dit la radicale nouveauté d'une qualité d'être totalement créée par l'Esprit [...] Le corps pneumatique est le

---

[170] RATZINGER Joseph, *Le ressuscité, Retraite au Vatican, en présence de S.S. Jean-Paul II*, Éditions Desclée de Brouwer, 1986, p. 123.
[171] Les termes grecs entre crochets, qui sont du texte original, ont été ajoutés à la traduction française.

chantier de l'Esprit qui modèle le corps glorieux[172] ». Dans tous les cas, Dieu est fidèle : en effet, « Celui qui a ressuscité le Christ Jésus d'entre les morts donnera aussi la vie à vos corps mortels par son Esprit qui habite en vous » (Rm 8,11). Cela relève de son *acte de Dieu*. La création, l'incarnation, la résurrection, l'ascension, l'eschatologie, sont des actes divins. La résurrection de la chair également.

La métaphore de la graine, utilisée par Jésus au sujet du Royaume de Dieu (Mc 4,26-29), puis par Paul à propos du corps (1Co 15,36-38) est suggestive du secret de la fidélité et de l'efficacité de l'acte divin : semée, la graine meurt, germe, pousse, donne l'herbe, l'épi et enfin le grain, on « ne sait comment » (Mc 4,27). À chaque étape, « Dieu lui [à la semence] donne un *corps* à son gré » (1Co 15,38). Jérôme Alexandre explique que, pour l'Apôtre Paul, « Un corps peut changer de statut et devenir spirituel, tout en restant corps […] Le phénomène de la génération de la plante à partir de la graine conduit à concevoir qu'une réalité puisse devenir une autre réalité, tout en restant la même […] C'est cet ''autrement'' qui est important[173] ».

La *radicale nouveauté* (cf. Camille Focant) et l'*autrement* (cf. Jérôme Alexandre) seront l'œuvre du Christ glorifié qui « transformera [*metaschèmatisei*] notre corps de misère [*tapeinôseôs*, humilié] en son corps de gloire » (Ph 3,20)[174]. Dans l'attente de ce Jour, le temps est à la mission. Saint Augustin (Iv[e]s.) disait à une homélie de Pentecôte : « Recevez ce que vous êtes » et « Devenez ce

---

[172] FOCANT Camille, Article, *in* GESCHÉ A. et SCOLAS P. (sous la direction de), *Le corps, chemin de Dieu*, p. 161.

[173] ALEXANDRE Jérôme, « Présupposés philosophiques et enjeux théologiques de la corporéité dans la polémique anti-docète de Tertullien », *in* GESCHÉ A. et SCOLAS P. (sous la direction de), *Le corps, chemin de Dieu*, p. 97 et p. 98.

[174] Les mots grecs entre crochets ont été ajoutés.

que vous prenez[175] ». L'entre-deux du *déjà-là* de la résurrection du corps – car le baptême nous incorpore au Christ ressuscité – et du *pas encore* de la résurrection du corps, est le temps du devenir chrétien, celui du corps tout simplement. D'où l'importance du renvoi, mieux de l'envoi, en fin de célébration eucharistique : « Ite !... », « Allez !... » : l'assemblée n'est pas simplement congédiée mais aussi envoyée en mission pour aller vivre l'Eucharistie du devenir chrétien, par le témoignage, le service fraternel, la mise en œuvre de l'amour-vie, tel que Jésus l'a signifié et donné l'exemple dans le geste du lavement des pieds, du lavement d'une partie du corps (Jn 13,14-15). Ce témoignage d'amour qui sous-tend le devenir de l'Homme peut s'exercer dans un cadre et un esprit androgyniques.

4.4. Vers une vie androgynique

L'étude des *bɔ̀là*, « cavités » ou « ouvertures », faite au début de ce travail de recherche avant tout théologique, a conduit à une anthropologie traditionnelle – partielle, certes – où l'être humain est perçu comme masculin ou féminin. Cette différenciation appelle l'homme et la femme, de même que la société, à une vie androgynique.

4.4.1. Écriture de la dualité dans le corps

Quand une femme (*kɛ̂*) met au monde un enfant, les gens demandent spontanément : « *Ń lùl bɔ̀kúku ?* » : « De quoi a-t-elle accouché ? » La question concerne le genre de l'enfant. La réponse

---

[175] GESCHÉ Adolphe., Article, *in* GESCHÉ A. et SCOLAS P. (sous la direction de), *Le corps, chemin de Dieu*, p. 55.

est bien sûr : soit « *bal* », garçon ; soit « *kẽ* », fille. C'est une donnée constatée : « Toute personne humaine est nécessairement, par essence, soit une personne masculine seulement, soit une personne féminine seulement [176]». Les chiffres masculin (3) et féminin (4) mettent en exergue le fait que l'être humain soit marqué, physiquement dans son corps, dans son être, de cette écriture de la dualité « masculin / féminin ». Autrement dit, la différenciation sexuelle est la condition *sine qua non* de l'existence humaine. Mais en même temps, l'individu concret « homme » (*bal*), ou l'individu concret « femme » (*kẽ*) est un être humain à part entière et non un être à moitié ou partiellement humain : « *Bal wó numbyíní, kẽ wó numbyíní* », ce qui se traduit : « L'homme (*bal*) est un être humain (*homo, anthropos*), la femme (*kẽ*) est un être humain (*homo, anthropos*) ».

En tant qu'êtres humains, certains traits sont communs à l'homme et à la femme. Mais, la distinction originelle *homme / femme* met en relief la différence ou la différenciation. Elle constitue l'homme différent, différencié de la femme et la femme différente, différenciée de l'homme. Et partant, la même réalité – ce qui relève de la vie, de l'existence –, est perçue, pensée, exprimée, organisée et vécue *autrement* par chacun. Ainsi, chacun fait l'expérience de l'*altérité* de l'autre, cette *distance* comme condition nécessaire pour entrer en relation et en communication. Mais « l'altérité se résume-t-elle uniquement dans le fait de reconnaître son semblable comme une personne différente de soi ? […] Ou encore n'importe quel objet

---

[176] HENRICI Peter, « les deux sexes : vers un dépassement de l'anthropologie », *in* Communio, Tome XXXI, 5-6 n°187-188, Septembre-Décembre 2006, *La différence sexuelle*, p.15.

distinct de soi, suffit-il pour fonder une altérité ? [177] » Elle est beaucoup plus profonde que la simple différence. Certains psychanalystes prétendent malheureusement que « l'animal de compagnie est une altérité [178]». L'être humain étant une *personne*, son altérité est lieu de compréhension mutuelle, d'intelligence des choses, de communication avec la Transcendance (Dieu), de don de soi libre et de choix responsable pour une vie assortie.

Le *corps*, en rappel, est symbole d'unité et de complémentarité ; l'étude bolalogique en a rendu témoignage. En outre, le corps, différencié masculin ou féminin, porte en lui-même une symétrie duelle, un dédoublement d'éléments anatomiques, droits et gauches : deux hémisphères cérébraux, deux yeux, deux oreilles, deux bras, deux mains avec cinq doigts à chaque main, deux jambes, deux pieds comportant chacun cinq orteils, deux poumons, deux reins (généralement), etc. Cette dualité agit au service du corps de manière harmonisée et complémentaire, sans antagonisme. Ce biologique duel, unitaire et systémique, est un paradigme de vie, un modèle de référence qui appelle un saut méta-biologique pour donner à penser et à vivre la dualité « masculin / féminin » non comme une réalité d'*op-position*, voire de conflit, mais plutôt comme une invitation à la *com-position* et à la complémentarité, en vue d'un enrichissement mutuel.

Sur le plan numérologique traditionnel *Iyǎl*, le chiffre de l'être humain dans son unité et dans son intégrité est le « un » (1). La dualité d'existence différenciée et de complémentarité est symbolisée soit par le « deux » (2), l'homme et la femme étant chacun *un* (1) être

---

[177] ANATRELLA Tony, « Accepter la différence », *in* Communio, Tome XXXI, 5-6 n°187-188, Septembre-Décembre 2006, *La différence sexuelle*, p.50.
[178] ANATRELLA Tony, *Ibidem*, p.50.

humain non partiel mais total, soit par le « sept » (7), c'est-à-dire, le « trois » (3) du masculin plus (+) le « quatre » (4) du féminin. Cette numérologie a pour objet et finalité l'unité et la complémentarité. La Genèse exprime l'unité et la complémentarité de l'homme et de la femme en ces termes : « C'est l'os de mes os et la chair de ma chair […] C'est pourquoi l'homme quitte son père et sa mère et s'attache à sa femme et ils deviennent une seule chair » (Gn 2, 23.24). Jésus renchérit : « Le Créateur, dès l'origine, les fit homme et femme […] Ainsi, ils ne sont plus deux, mais une seule chair » (Mt 19, 4.6 ; Mc 10,6.8 ; cf. 1Co 6,16 ; Ep 5,31).

Ces chiffres, relatifs à l'être humain lui-même ou aux *bɔ̀là* masculins et féminins du corps, sont des « symboles ». Le mot « symbole » vient du verbe grec « *sumballein* », composé de « *sum* » et de « *ballein* », qui signifie « jeter avec » ou « jeter ensemble », ou encore « joindre » deux parties d'un même objet initialement coupé en deux. Dans l'antiquité, chaque partie du symbole permettait de *reconnaître* le porteur et de se rappeler le pacte conclu. Le symbole renvoie non à lui-même, mais au-delà de lui-même. À ce propos, le sage sénégalais invite à aller au-delà du simple voir ou entendre : « Ne t'arrête pas à ce que tu vois, car ce que tu vois a un sens ; un regard doit être profond. Ne t'arrête pas à ce que tu entends ; entendre doit être profond parce que tout ce qui se dit est une profondeur[179] ». Le symbole ne retient ni n'accapare la réalité symbolisée pour s'en approprier comme son bien propre. Il renvoie toujours à ce qu'il fait advenir : un sens, une communication, une communion, et donne d'y participer (prendre part). Il offre à voir *plus*, plus que ce que l'on voit ; en le voyant, le symbole donne à voir autre chose ou quelqu'un d'autre. Telle une icône, il « ne cherche ni à

---

[179] SOMBEL SARR Benjamin *op. cit.*, p. 107-108.

ressembler (comme une photographie), ni à illustrer, mais [...] suggère, ouvre, donne à voir au-delà [...], veut être une fenêtre sur l'invisible. Sa beauté est une invitation, un appel[180] ». Le propre du symbole est de provoquer une rencontre, une reconnaissance, une communication, une participation, une communion, entre l'Homme (individu ou communauté) et la réalité symbolisée.

En considération de cette performance du symbole, l'homme masculin (*anèr, vir, bal*) peut être qualifié de symbole de la similitude et de l'altérité pour la femme, et la femme (*gunè, mulier, kẽ*) de symbole également de la similitude et de l'altérité pour l'homme. Peter Henrici dirait « Ressemblance dans la dissemblance[181] ». Chacun, en voyant l'autre, en le regardant, comme son vis-à-vis, le *reconnaît* comme être humain comme lui, son semblable (*similis*), et en même temps le reconnaît comme être humain différent ou différencié de lui, c'est-à-dire, l'autre (*alter*). De cette symbolique anthropologique, deux conséquences peuvent être tirées, ou plutôt une seule en deux étapes mais intimement liées pour faire cause commune : d'une part, le désir de se rencontrer, d'échanger pour mieux *se* comprendre et se connaître, et soi-même et l'autre ; d'autre part, et comme corollaire, la décision d'apprendre à vivre désormais autrement. Somme toute, cette conséquence bipolaire conduit à renaître à une nouvelle vie sous le signe de l'androgynéité.

---

[180] DELTEIL Gérard et KELLER Paul, *L'Église disséminée, Itinérance et enracinement*, Paris, Les Éditions du Cerf, 1995, p. 61.
[181] HENRICI Peter, « Les deux sexes : vers un dépassement de l'anthropologie », *in* Communio, Tome XXXI, 5-6 n°187-188, Septembre-Décembre 2006, *La différence sexuelle*, p.20.

4.4.2. Vivre de façon androgynique

Il s'agit de tendre, de plus en plus, à ce que l'on pourrait appeler un *modus vivendi* androgynique. Il faut aussitôt ajouter, pour éviter les ambiguïtés ou les confusions désobligeantes, que cette vie androgynique n'est pas celle de l'androgyne décrit dans *Le Banquet* de Platon[182], ni la situation dramatique de l'hermaphrodite qui, par malformation, se retrouve sexué masculin et féminin à la fois. Le sens retenu ici appartient à l'ordre métaphorique ou symbolique, tout en conservant à l'adjectif *androgynique* son étymologie si suggestive. Le terme « androgynique » a une double origine grecque : *anèr, andros*, qui veut dire « homme » (*vir* en latin, *bal* en lyèlé) ; et *gunè*, qui signifie « femme » (*mulier* en latin, *kẽ* en lyèlé). L'adjectif, composé de ces mêmes deux mots grecs, peut être aussi « gynandrique » (*gunè* en premier et *anèr, andros* en second) ; son sens demeure identique.

« Surtout dans un contexte où l'homme est féminisé [...] et où la femme se masculinise au nom du principe que 'les métiers n'ont pas de sexe'[183] », l'idée d'androgynéité ou de gynandricité ne vise pas à

---

[182] Chez Platon, Aristophane, au cours d'un banquet, raconte qu'à l'origine, il y avait trois catégories d'êtres : le mâle, la femelle et l'*androgyne*, mâle et femelle à la fois. Il décrit chaque *androgyne*, en ces termes : « La forme de chaque être humain était celle d'une boule, un dos et des flancs arrondis, un nombre de jambes égal à celui des mains, deux visages sur un cou rond avec, au-dessus de ces deux visages en tout point pareils et situés à l'opposé l'un de l'autre, une tête unique pourvue de quatre oreilles. En outre, chacun avait deux sexes et tout le reste à l'avenant » (PLATON, *Le Banquet*, Présentation et traduction par Luc BRISSON, 5ᵉ édition, corrigée et mise à jour, 2007, Éditions Flammarion, Paris, 1998, n°189ᵉ-190a, p. 114-115 ; la forme italique a été ajoutée au mot « androgyne »).
[183] ANATRELLA Tony, « Accepter la différence », *in* Communio, Tome XXXI, 5-6 n°187-188, Septembre-Décembre 2006, *La différence sexuelle*, p. 64.

tout masculiniser (philandrisme) ou à tout féminiser (philogynisme), sur tous les plans systématiquement, ou de « lire le monde et les choses de façon binaire (du point de vue sexué)[184] », pour « faire éclore une nouvelle culture binaire dans son ensemble [185] », sinon « il faudrait établir une langue, une culture, une socialisation différenciées selon les sexes[186] », et encourager une sorte de « Jihad du genre[187] ». Il ne s'agit pas non plus d'une addition mathématique de deux (2) moitiés, l'homme (*bal*) étant une moitié (½) et la femme (*kɛ̃*) l'autre moitié (½), pour constituer un tout, une unité (1), l'être humain (*numyíní*), comme ½ + ½ = 1. Ce serait donc une unité perdue à retrouver. En effet, selon l'interprétation du *Talmud*, qui retrouve un mythe de l'androgyne primitif, le premier homme, *Adam*, serait un androgyne : « L'être humain originel était composé de deux moitiés, à la fois mâle et femelle, l'acte de création divine consistant à séparer la moitié mâle de la moitié femelle, qui se poursuivent et cherchent à réaliser de nouveau l'unité primordiale[188] ». L'appellation « Ma chère moitié » est d'ailleurs

---

[184] GERL FALKOVITZ Hanna-Barbara, « Le genre : une théorie au banc d'essai », *in* Communio, Tome XXXI, 5-6 n°187-188, Septembre-Décembre 2006, *La différence sexuelle*, p. 36.

[185] GERL FALKOVITZ Hanna-Barbara, Article, *in* Communio, Tome XXXI, 5-6 n°187-188, Septembre-Décembre 2006, *La différence sexuelle*, p.37.

[186] GERL FALKOVITZ Hanna-Barbara., Article, *in* Communio, Tome XXXI, 5-6 n°187-188, Septembre-Décembre 2006, *La différence sexuelle*, p.39.

[187] « Récemment des femmes musulmanes du Pakistan, d'Iran, du Liban, du Maroc, de la Tunisie et même des Etats-Unis ont proclamé le '*Gender-Ihad*' (la guerre sainte du Gender) » (GERL FALKOVITZ Hanna-Barbara, Article, *in* Communio, Tome XXXI, 5-6 n°187-188, Septembre-Décembre 2006, *La différence sexuelle*, p.44).

[188] BOULNOIS Olivier, « Avons-nous une identité sexuelle ? Ontologie et ordre symbolique », *in* Communio, Tome XXXI, 5-6 n°187-188, Septembre-Décembre 2006, *La différence sexuelle*, p.30.

restée dans le vocabulaire affectif. L'approche *androgynique* se situe au niveau méta-arithmétique, elle s'attache à la portée métaphorique du symbole.

La *différence* sexuelle ou la *différenciation* sexuelle peut être considérée comme lieu offert pour *se* comprendre soi-même à partir de l'autre. L'être humain (*numbyíní, homo, anthropos*) aurait-il pu être dit homme (*bal, vir, anèr*) si la femme n'existait pas, ou désigné comme femme (*kẽ, mulier, gunè*) s'il n'avait pas d'homme ? N'eût été la différence ou la différenciation sexuelle, comment pourrait-on aborder la compréhension de l'être humain ? Comprendre (*cum prendere*), c'est « prendre avec », « prendre ensemble ». Se comprendre soi-même revient, d'une certaine manière, à *prendre* l'autre *avec* soi, et à se situer en « Je » devant un « Tu » pour décrypter, dans cette position de personnes différenciées, un sens qui y est *jeté avec* (cf. symbole), afin de mieux s'appréhender et de mieux se saisir mutuellement. Dans ce face à face relationnel du « Je » et du « Tu », l'expérience de l'androgynéité débouche sur un *corps de sens* de soi et de l'autre, où les différents sens sont articulés en une unité sémantique vitale, qui donne sens à la vie, c'est-à-dire, à la fois une signification et une orientation vers une finalité. De l'androgynéité jaillit un sens de la vie, laquelle est à conjuguer au masculin et au féminin.

Cette question d'androgynéité ou de gynandricité suppose aussi un accueil de ce corps de sens. Une telle attitude n'installe pas dans une attente passive qui supprimerait l'effort personnel et communautaire de quête de sens, par la raison et la foi. Au contraire, et là est la condition, c'est dans l'engagement effectif dans la recherche de sens que celui-ci se laisse découvrir comme *don*. Je ne me donne pas un sens, car le gnoséologique *se reçoit*, tout comme l'ontologique, de quelqu'un d'autre, d'abord de l'autre, l'être semblable à la fois différent ou différencié, puis, et plus particulièrement du Tout Autre, Dieu.

Ainsi, « Le sujet (homme et femme) fait l'idée que c'est l'homme qui révèle à la femme sa féminité et que c'est la femme qui révèle à l'homme sa masculinité[189] ». On ne se comprend que dans le rapport à l'autre, dans un accueil réciproque. Et partant, chacun se laisse, non aliéner (*alienare*), encore moins pervertir, par l'autre (*alter*), mais laisse l'autre, dont il ne peut se passer, l'enrichir par son altérité pour lui donner de vivre autrement. En conséquence, rejeter l'autre, c'est *se* faire du tort à soi-même. L'androgynéité est cette *vitalité* de don et d'accueil sans cesse renouvelés, d'appel et de réponse réciproques, de respect et d'estime mutuels, entre l'homme et la femme, au sein même de la différence ou différenciation sexuelle (*bal / kẽ)* qui leur donne de se découvrir faits l'un pour l'autre et tous deux ensemble pour Dieu.

Revenons au symbole dont la racine verbale signifie, avons-nous rappelé, « jeter avec », « jeter ensemble », « joindre deux parties ». Dans l'acte de *jeter*, qu'il soit symbolique ou non d'ailleurs, le mouvement du jet détermine à l'objet jeté une direction, une orientation, un sens et, en définitive, une *finalité*. Chacun ayant jeté son dévolu sur l'autre et envoyés l'un à l'autre à la manière d'un symbole qui *renvoie à*, l'homme et la femme sont *jetés ensemble* en *con-joints* (cf. *sumballein*) pour découvrir leur vocation spécifique à chacun et commune à tous deux, se compléter dans leur vision des choses et dans l'assomption de leurs responsabilités. Ensemble, ils sont jetés en conjoints pour vivre, avec leurs richesses propres à chacun, la condition humaine dans ses multiples composantes: conjugale, familiale, sociale, professionnelle, politique, économique, culturelle, religieuse, etc. Ensemble, ils sont jetés

---

[189] ANATRELLA Tony, « Accepter la différence », *in* Communio, Tome XXXI, 5-6 n°187-188, Septembre-Décembre 2006, *La différence sexuelle*, p.57.

en conjoints, homme et femme, tous deux héritiers du don de la vie, pour protéger cette vie reçue, bien la gérer et la transmettre à d'autres. Jetés ensemble comme conjoints, ils le sont, pour marcher, main dans la main, suivant la même direction vers leur destination commune, fidèles à ce pour quoi ils sont créés (cf. le mouvement de ce qui est jeté). C'est dans la complétude et la communion gynandriques qu'ils trouvent *sens* (orientation et signification) à leur vie d'homme ou de femme, de couple, de père ou de mère, d'êtres humains, de croyants. Tony Anatrella le rappelle : « La vie n'est tenable et la société n'est gouvernable qu'en sachant tenir compte des symboliques inhérentes à chaque sexe[190] ».

Faire l'approche du masculin comme symbole du féminin et du féminin comme symbole du masculin, symboles de corps de sens et de mission (vocation), conduit à rechercher, au plan individuel et communautaire, un *équilibre* dans la manière de voir les choses, de les penser, de les organiser et de les vivre. L'androgynéité ou la gynandricité requiert et le masculin (anèr, andros, *bal*) et le féminin (gunè, *kɛ̃*) : jamais l'un sans l'autre, ni l'un au détriment de l'autre, mais les deux à la fois, comme les deux manières d'être simplement *humain*, dans le respect de leurs différences et dans l'unité de leurs spécificités. À ce niveau, les mentalités et les comportements par rapport à la place de la femme dans la vie sociale sont à convertir en milieu traditionnel. Non pas que la femme n'ait pas une place importante dans la société traditionnelle, mais qu'il reste encore de l'effort à faire pour qu'elle acquière plus de dignité.

Pour illustrer une certaine conception péjorative de la femme, revenons au proverbe : « *Numbyíní wɔ́ nɔ̀bɔ́* » : « L'être humain est

---

[190] ANATRELLA Tony, « Accepter la différence », *in* Communio, Tome XXXI, 5-6 n°187-188, Septembre-Décembre 2006, *La différence sexuelle*, p.65.

neuf (9) ». Mais pourquoi le chiffre neuf (9) et non pas huit (8) ou un autre chiffre ? Peut être parce que, me semble-t-il, la référence axiologique, l'étalon du jugement de valeur, est le masculin dont le chiffre est trois (3) et non pas le féminin auquel est affecté le quatre (4). Neuf, c'est trois multiplié par trois (9 = 3 x 3). En d'autres termes, le *numbyíní*, l'Homme (*anthropos, homo*), c'est le masculin trois fois (3 fois). Déjà le trois (3) est le degré-limite de l'andricité, de « plénitude[191] » dirait Jules Ndo. C'est le chiffre du « bɛlɛ yó » de l'homme masculin (*bɛlɛ*, « virilité », vient de *bal*, homme), autrement dit, le maximum de fois où peut être testé ou éprouvé l'homme masculin dans son honneur ou dans sa dignité. Par exemple, si l'homme est provoqué jusqu'à trois fois – en bien, tels des éloges, ou en mal, telles des injures –, il doit forcément, en principe, réagir pour relever le défi et sauver sa face, honorer son statut d'homme viril et digne (*bɛlɛ*), sinon, il est considéré comme un vaurien (*yàà nánfò*). Donc, le chiffre neuf (9), transposable en *trois fois* « bal » (trois fois « homme masculin ») équivaut à élire l'homme Masculin comme l'*idéal* du *numbyíní* (l'être humain), et à minorer ou à minimiser, par conséquent, le Féminin, la femme dans sa dignité différenciée. Ou peut-être alors, ce serait une manière subtile de vouloir masculiniser la femme, une stratégie, par surcroît sapientielle (cf. proverbe cité ci-dessus), qui ne lui laisserait pas la chance de devenir véritablement ce qu'elle est : « femme » (*kɛ̀*). En milieu traditionnel, même si en certaines circonstances la femme est reconnue comme l'idéal de la tendresse et parfois exaltée comme « kə-bya », c'est-à-dire, comme femme

---

[191] « Chez les Lyela, les chiffres trois et quatre sont des chiffres de plénitude pour l'homme et pour la femme. Cela veut dire que, quand un homme jure trois fois de réaliser quelque chose, il déploie tous les moyens pour le réaliser et prouver ainsi sa valeur d'homme dans la société. Il en est de même pour la femme » (NDO Jules, *op. cit.*, p.15).

vertueuse, maîtresse-femme, dans bien de domaines, elle reste inférieure à l'homme. Aussi, un homme maladroit est-il dit « obəkẽ », littéralement, « homme-féminin », appellation péjorative et humiliante. En tout cela, les chrétiens ont mission de donner le témoignage d'une vie androgynique ou gynandrique exemplaire, aussi bien au niveau conjugal et familial que sur le plan social et ecclésial.

Cette dualité-unité pose le problème de la notion de *couple*. Le couple est un *duo* mais un duo *spécial* ; il est union d'un homme (*bal*) et d'une femme (*kẽ*). L'androgynéité implique la nécessité d'un homme et d'une femme pour parler de couple humain. Vu sous cet angle, quel statut reconnaître à la vie commune de deux hommes ou de deux femmes (homosexualité), d'un homme avec plusieurs épouses (polygamie) ou d'une femme avec plusieurs maris (polyandrie) ? Ce sont là de graves questions éthiques, mais aussi anthropologiques et théologiques, car elles portent, en dernier ressort, sur l'identité et la dignité de la personne humaine, mais également sur les rapports avec autrui et avec Dieu ainsi que sur l'avenir de la société et de l'Église.

4.4.3. Proposition de néologismes (*Onun, Enun, Yi-nun, Yi-nənuurí*)

À partir de « numbyíní » (être humain), il est possible de créer de nouveaux mots, pour enrichir le vocabulaire théologique en *lyèlé*. Quatre néologismes sont proposés : *Onum, Enum, Yi-nun, Yi-* nənuurí.

Le terme « numbyíní[192], pluriel : *numbyínsi* ou *numbyíná* » pourrait venir de « nun-(nã)byíní », mot composé de « nun » (le « n » final devenant un « m » devant le « b »), qui signifie *être*

---

[192] Certains prononcent « lūbyíní », l'Homme (l'Être) du monde noir.

humain (pluriel : *nunə* : les gens, l'espèce humaine), et de « (nã́)byíní[193] » qui veut dire *noir* (la couleur noire), avec l'idée de non grossier, de raffiné, d'esthétique[194]. Il est permis ici de penser que ces propriétés esthétiques ne concernent pas uniquement la couleur mais qu'elles sont intrinsèques à l'être humain lui-même et doivent caractériser son parler et son agir. Ce qu'il dit et fait doit être pensé, modelé, purifié, soigné, fini, selon les règles de l'art. Le *numbyíní* serait alors « l'être humain noir-beau ». La langue de cet être humain est le *nuni* (« langue humaine », qui différencie l'Homme des autres êtres). Le radical « nun » du mot « numbyíní » peut en être extrait pour être masculinisé ou féminisé, afin de former des néologismes comme noms génériques : ainsi, « Onun (Bənun) » pour désigner l'homme (masculin), le « O / Bə » étant le préfixe du masculin (*bal*) dans les prénoms traditionnels ; le « O » est plus employé parce que plus facile à prononcer que le « Bə » lourd. De même, on pourrait dire : « Enum », pour désigner la femme, le « E » représentant le préfixe du féminin (*kɛ̃*). Ainsi, ces deux nouveaux mots, « Onun » et « Enun », mettent en exergue, même par leur étymologie, d'une part, l'unité ontologique, le « nun » manifestant que chacun d'eux est un être humain à part entière ; et d'autre part, la différence ou différenciation sexuelle originelle, les préfixes, masculin ou féminin « O/E », les distinguant de façon spécifique, chacun comme un *alter*, marqué d'une différence non pas simple ou quelconque mais d'altérité. De ce fait,

---

[193] « nã́byíní » : le « nã́ / nán » est un préfixe qui intervient dans la formation des adjectifs : *nã́cɛ* / *náncɛ*, ancien, vieux, âgé ; *nã́pɔ́lé* / *námpɔ́lé*, petit, peu. Dans les mots composés, le préfixe « nã́ / nán » disparaît : *byì-cɛ* (au lieu de *byǐ nã́cɛ*), fils aîné ; *jì-fwèlè* (au lieu de *jì nã́fwèlè*), grande maison.

[194] Par contre, « nã́byṹ », noir foncé, peut signifier aussi noir brut, grossier, sans finesse. En *lyèlè*, il y a une nuance de sens entre « nã́byíní » et « nã́byṹ ».

Onun et *Enun* appellent l'androgynéité ou la gynandricité. Notons qu'en hébreu, « Ish » et « Ishsha », le premier couple de la Genèse, désignent respectivement l'homme et la femme.

À partir du même mot « nun », être humain, et du nom « Yi », Dieu, Jésus peut être dit « Yi-nun[195] », littéralement, « Dieu-homme », avec un trait d'union, comme dans le nom Jésus-Christ, où le trait d'union a été identifié à l'Esprit Saint, pour dire que Jésus est à la fois « Dieu » et « homme ». Et avec le mot composé « Yi-nun », on peut créer le terme « Yi-nənuurí[196] ». Ce néologisme désignerait d'une part, le processus par lequel Dieu (le Logos, le Verbe divin) s'est fait homme (chair), c'est-à-dire, l'incarnation, et d'autre part, la façon de se comporter ou la manière d'être de Jésus en tant que Dieu et homme. C'est en Jésus-Christ, *Yi-nun*, que l'homme, *Onun*, et la femme, *Enun*, trouvent sens, avenir et réalisation véritables.

Pour conclure la quatrième partie – *De la survie à la Vie* –, que dire ? Premièrement, le corps, désignant l'Homme, a été créé bon (Gn 1,27.31) vivant (Gn 2,7) et libre (Gn 2,17). Mais la liberté mal exercée (Gn 2,6) a donné au corps de devenir un corps de chair (au sens paulinien), c'est-à-dire un corps faible et périssable (Rm 7,5 ;

---

[195] « Yezu wɔ́ Yi-nun » : *Yezu wɔ́ Yi njà ń wɔ́ numbyíní myɛ* : « Jésus est Dieu et un être humain également », il est à la fois Dieu et homme. Le trait d'union est important. Sans lui, le sens serait différent : on n'aurait non plus un mot composé mais deux mots distincts où « Yi » est au génitif : « Yi nun », c'est-à-dire, « homme de Dieu ». C'est vrai que Jésus, en tant qu'homme (de Nazareth), est aussi « homme de Dieu » (*Yi nun*).

[196] « Ń Yi-nənuurí » : « nənuurí » (= « nənuri » + article défini) est composé à partir de « nun ». Ce type de formation de mots dit la manière de, la façon de : « e sa », danser : ń « səsɛɛrɛ́ », sa manière (la manière à lui) de danser ; « e dú », jouer (du tam-tam) : ń « dɔ́dúúrí », sa façon de jouer (le tam-tam) ; « e byɛ̀ », appeler : ń « bɔ̀byèèlé », sa manière d'appeler.

Col 2,11), et même un corps de péché, pécheur (Rm 1,24 ; 1Co 6,18), bien plus, un corps de mort, qui voue à la mort (Rm 8,24), et pourtant – et c'est là le retournement de situation avec le Christ – un corps promis à la résurrection (1Co 15,44) et même à la glorification (Ph 3,21), donc fait *pour* une vie éternelle (Rm 6,22). St Irénée disait : « *Gloria enim Dei vivens homo*[197] » : « La gloire de Dieu, c'est l'Homme vivant ». Et la vie de l'Homme, c'est Dieu, c'est vivre ou demeurer *en* Christ (Jn 15,14.15 ; 14,22), c'est être – pour reprendre une expression de saint Jean – « *pros ton Theon (apud Deum)* », c'est-à-dire, auprès de Dieu, tourné vers Dieu (Jn 1,1). En attendant la résurrection eschatologique, le corps a *déjà* reçu de Dieu les arrhes de l'Esprit : (2Co 1,22 ; cf. 5,5 ; Ep 1,14) « pour devenir une demeure de Dieu, dans l'Esprit » (Ep 2,22), « un temple du Saint Esprit » (1Co 6,19).

Deuxièmement, Jésus, né dans la culture juive, sans s'y inféoder, a su, par là même, assumer et dépasser toutes les cultures, en faisant advenir pour elles une *nouveauté* vitale, bien au-delà des attentes, et même radicale par rapport aux éléments culturels incompatibles ou hostiles. Ce que René Tabard dit de Jésus pour les *kongo* de la République Démocratique du Congo est valable aussi pour les *Lyɘlɘ* du Burkina : « La révélation de la destinée de Jésus constitue certainement une confirmation des traditions *kongo* : la mort n'est pas la *fin* de la vie. Mais une *nouvelle* dimension fondamentale de l'existence est apportée : les morts, au village des Ancêtres, trouvent leur bonheur, non pas dans la communion entre eux, mais dans les bénéfices de la vision béatifique de Dieu lui-même. La *survie* n'est

---

[197] IRÉNÉE de LYON (135(?) - 202), *Adv. Haer.*IV, 20,7, cité par GESCHÉ Adolphe, « L'invention chrétienne du corps », *in* GESCHÉ Adolphe et SCOLAS Paul (sous la direction de), *Le corps, chemin de Dieu*, Les Éditions du Cerf, 2005, p. 61.

plus alors une simple continuité de vie dans une communion clanique, mais une *véritable transformation* des rapports entre les hommes, dans une existence autre, éternelle et universelle[198] ».

Troisièmement, le corps, loin d'être figé, imperfectible, comme acquis une fois pour toutes, est plutôt vie, vivant, et *en devenir*, tendu vers son *avenir*, Dieu, qui l'attire et vers qui il aspire[199] : « Nous voici conduits à une compréhension du corps *dynamique*, c'est-à-dire ouverte sur un avenir, offrant un avenir au corps. Or celui-ci est trop souvent perçu comme résultat du passé, ontogénétique, ou phylogénétique. Un présent lourd de déterminisme, d'histoire, de mémoire[200] ». « Dans cette perspective dynamique, poursuit Xavier Lacroix, le corps est en genèse[201] ». Ce temps du devenir est celui de l'enfantement (cf. Ap 12,2), selon l'heureuse expression prévisionnelle de J.A.T. Robinson : « La résurrection des corps débute au baptême[202] » et elle sera parachevée à la Parousie.

---

[198] TABARD René, *op. cit.*, p. 330 (j'ai souligné par l'italique).
[199] Cf. Ps 42,3 : « Mon âme a soif de Dieu, du Dieu vivant; quand irai-je et verrai-je la face de Dieu ? ». Le psalmiste en disant « mon âme » parle de lui-même en tant que tel. De même, le « corps » renvoie à la personne, c'est pourquoi, on peut dire que lui aussi a soif de Dieu.
[200] LACROIX Xavier, *op. cit.*, p. 226.
[201] LACROIX Xavier, *op. cit.*, p. 227.
[202] ROBINSON J.A.T., *Le Corps. Etude sur la théologie de Saint Paul*, Éditions du Chalet, 1966, p.12, cité par LACROIX Xavier, *op. cit.*, p. 228.

Conclusion générale

Le mystère du Christ est si riche que ne peuvent l'épuiser les concepts, les traditions, les dogmes, les théologies et christologies, etc. Le champ d'investigation restera toujours ouvert. Sans pouvoir les approfondir, ce qui serait l'objet d'un fructueux travail à accomplir pour le bien de notre Église, nous proposons ici quelques lieux de théologie inculturée *évoqués* le long de notre recherche. À travers ses esquisses anthropologiques et surtout théologiques, cette recherche a voulu contribuer, modestement certes, à la compréhension du mystère du Christ, en faisant une ébauche de réflexion inculturée sur la nouveauté qu'apporte le Christ à la religion traditionnelle *lyǎl*, en tenant compte des aspects retenus et étudiés. Ces *apports* peuvent être exprimés à partir du concept et de la métaphore de « corps-unité » avec ses différentes récurrences et à partir de la notion de « *pyìrh* », c'est-à-dire, d'accomplissement total, ou de « *cə́m* » (remède, solution), autrement dit, de salut, en faveur de l'Homme marqué par la finitude et le péché (cf. *bə-kùr-zhe, nəbɔ́*). Quant à la *nouveauté*, elle désigne ce « combien plus » dans et par le Christ. Qui plus est, cette nouveauté, c'est « Jésus-Christ » lui-même.

Première partie de la conclusion : l'interprétation bolalogique qui concerne les « cavités ou ouvertures » anatomiques (*bɔ̀là*) de l'être humain, l'étude de mots-clés, l'analyse de quelques proverbes, prénoms dont les prénoms théophores et la lecture d'un aspect du culte du *da yi* (autel sacrificiel familial) ont conduit à découvrir le *corps* humain comme un « corps-unité », désignant la *personne elle-même* dans son intégrité et dans sa totalité. Cette conception est *autre*, elle se montre différente du dualisme philosophique gréco-romain, où l'être humain n'est constitué que de deux composantes, opposées par surcroît, dont l'une, le *corps*, est la « prison » (cf. Platon) de l'autre, l'*âme*. À ce niveau, l'anthropologie unitaire du milieu traditionnel *Iyǒl* apporte une triple contribution :

1. Même si le « comment » demeure pour elle énigmatique, elle permet au tradi-chrétien de comprendre, selon ses possibilités certes, que la seule et même personne de Jésus est à la fois « Dieu » et « homme », selon les symboles de Nicée en 325 et de Constantinople en 381[203]. Le concept de « totalité » ou d' « unité » désignant *toute* la personne est plus accessible à l'Homme traditionnel que celui de « nature » qui semble lui être étranger. C'est dans cet esprit de favoriser, tant soit peu, la compréhension du mystère de Jésus que le néologisme « Yi-nun », « Dieu-homme » a été appliqué à Jésus (« nun » désignant ici l'être humain).

2. Le corps-unité, désignant la personne et sa personnalité, signifie que le Christ, Logos (Verbe) de Dieu devenu chair (*sarx egeneto*), est homme *à jamais* : « il *est* homme. Il le reste pour toujours[204] ». Sa divinité et son humanité sont à la fois unies et distinctes de façon définitive. Ainsi, Jésus est Dieu fait corps (homme), le corps en tant que totalité de l'être humain : corps qui a

---

[203] DUMEIGE Gervais, *Textes doctrinaux du Magistère de l'Eglise sur LA FOI CATHOLIQUE, Traduction et présentation*, Éditions de L'Orante, Paris, 1975, p. 6 et 8.
[204] RATZINGER Joseph, *Le ressuscité, Retraite au Vatican, en présence de S.S. Jean-Paul II*, p. 123.

habité parmi nous, corps livré, crucifié, mort et ressuscité, corps monté au ciel, corps espéré dans l'attente.

3. Cette vision unitaire du corps fait de la résurrection de Jésus la promesse et la garantie de la résurrection des corps aux temps eschatologiques. « Celui qui a ressuscité le Christ Jésus d'entre les morts donnera aussi la vie à vos corps mortels » (Rm 8,11). Le Seigneur Jésus-Christ, « transfigurera notre corps de misère pour le conformer à son corps de gloire » (Ph 3,21).

Le corps-unité est entendu non seulement comme unité de l'Homme en ses différentes composantes, mais aussi comme *unité de sens* en ses diverses récurrences. En cela, le corps-unité est un « corps de sens ». La polysémie du mot « yala » (corps), toujours au pluriel en *Iyèlé*, autorise une somatologie *ouverte*, où le corps peut revêtir multiples formes et acquérir des statuts différents. Ce corps de sens qui renvoie au fait que plusieurs éléments peuvent être intimement liés entre eux au plan sémantique, peut aider le tradi-chrétien à comprendre les différentes harmoniques du *Corps du Christ*, celui-ci pouvant signifier : corps singulier de l'individu Jésus, corps eucharistique du Christ, corps ecclésial (l'Église), corps du prochain (baptisé ou non), corps désignant la multitude, corps ressuscité, corps eschatologique. Chaque harmonique est une réalité bien spécifique mais toutes renvoient à une seule comme à leur unique source et référence, le *Corps du Christ*, qui leur donne *sens*, c'est-à-dire, orientation et signification (but, raison d'être).

Ainsi, le corps-unité peut participer de la compréhension du mystère du Christ Jésus, dans une certaine mesure, bien sûr, car, il est grand ce mystère. L'apport du corps-unité se situe également au niveau de son aspiration à l'accomplissement total. À ce sujet, rappelons-nous le proverbe : « *Numbyíní wɔ́ nɔ̀bɔ́, è yɔ̀ shí pyɨ̀rh yé* », « L'être humain est neuf (9), il n'est pas dix (10) ». Dans l'interprétation de ce proverbe, développée plus haut, le chiffre neuf (9), d'une part, symbolise la finitude, l'inachèvement de l'Homme – qui n'est pas grand-chose (*bə-kùr-zhe, nánfò*), qui est terreux (*bo, shó*) et donc mortel –, d'autre part, il dit la condition pécheresse humaine, tandis que le dix (10) signifie au contraire la plénitude, l'achèvement définitif. Le « pyìrh » traditionnel qui traduit l'idée d'accomplissement a été, à juste titre, *christologisé*. Car c'est en Christ que tout est accompli (cf. Jn 19,30). Il est l'Alpha et l'Oméga, le Principe et la Fin (cf. Ap 21,6 ; 22,13). Il est à la fois le « Pyìrhnə », celui qui réalise totalement l'accomplissement, et le « Pyìrhɔ́ », c'est-à-dire, l'accomplissement même de l'Homme (*numbyíní*). Selon Wolhart Pannenberg, Jésus est « l'homme véritable[205] », car « Les aspirations les plus profondes du genre humain […] les espérances des hommes sont réalisées en lui[206] ». « L'être divino-humain de Jésus est […] considéré comme l'achèvement le plus parfait de l'humanité[207] ». En d'autres termes, « Jésus a été en sa personne la réalisation de la destinée humaine de communion avec Dieu[208] ». Le dicton « *Numbyíní wɔ́ è dõ cɔ́m* », « L'Homme est un remède pour son prochain », a été interprété au cours de la réflexion dans la même optique. Jésus, en tant qu'homme, est le « cɔ́m », le remède et la solution, pour l'Homme. Et surtout comme Dieu, il est le « Cɔ́m » véritable. « Cɔ́m » humain et « Cɔ́m » divin en même temps ; c'est lui, Jésus, le « Salut » ou la « Vie » de l'Homme ; il le « sauve » de la condition de finitude et de péché. C'est dire que l'idée de « pyìrh » et de « cɔ́m » du sage traditionnel –

---

[205] PANNENBERG Wolhart, *op. cit*, .p. 259.
[206] PANNENBERG Wolhart, *op. cit.*, p. 258 et 259.
[207] PANNENBERG Wolhart, *op. cit.*, p. 250.
[208] PANNENBERG Wolhart, *op. cit.*, p. 244.

malgré l'insuffisance ou la limite incontestable de ces deux notions –, peut être considérée comme une bonne « entrée » qui permet une certaine compréhension de l'identité et de la mission salvifique du Christ.

Deuxième partie de la conclusion : elle concerne la *nouveauté* qu'apporte le Christ à l'anthropologie traditionnelle telle qu'elle a été circonscrite dans l'approche. Cette nouveauté est envisagée en termes de « combien plus[209] », pour désigner en définitive Jésus-Christ lui-même. L'expression « Combien plus » est comprise ici comme tension créatrice croissante vers la plénitude de vie. Elle signifie que l'on part d'une réalité concrète qui concerne le vécu ordinaire de l'Homme traditionnel (individu et communauté), en l'occurrence l'aujourd'hui de sa culture religieuse, sa vie *hic et nunc*, et que l'on tend vers le meilleur et le définitif révélés et accomplis dans et par Jésus-Christ. Dès lors, parler de « Combien plus », c'est parler de ce qu'exige le rapport entre la culture religieuse vécue et la foi chrétienne, à savoir, une rupture, une continuité et une nouveauté.

Pour l'Homme traditionnel, le corps est *vie*, un organisme vivant. Cette vie, qui est *don reçu*, se manifeste sous diverses formes. En effet, boire, manger, respirer, c'est vivre ; uriner, déféquer, émettre des gaz, c'est vivre (sinon le corps s'empoisonne) ; accueillir la vie, la protéger et la transmettre, c'est vivre ; parler, communiquer, être en relation, travailler, c'est vivre ; et mourir, c'est vivre aussi, car c'est retourner à la Source de la vie (*cúlú*, chez les Ancêtres et autres défunts). Tous ces verbes actifs parlent du corps *biologique*. Partant de là, le corps peut être considéré comme une « bio-logie [*bios-*

---

[209] L'expression « Combien plus » indique la différence de degré ou d'intensité (cf. Dt 31,27 ; Pr 11,31 ; Mt 7,21 ; Lc 11,13 ; Rm 5,10.15.17 ; Hb 9,14, etc.).

logos] », c'est-à-dire, une *parole sur le bios,* la vie biologique (cf. *myǒl,* nez ; *shíshìrhǝ́,* respiration), vie ici-bas, celle de l'Homme dans sa condition de mortel. Au niveau de la foi chrétienne, s'opère un passage – en réalité, pascal – de la *biologie* (vie biologique) à la *zôèlogie,* qui est, par excellence, *La Parole sur la Vie* (*zôè*), la Vie du Dieu trinitaire, le Dieu Vivant et Véritable (1Th 1,9 ; cf. Jr 10,10. Et cette Parole sur la Vie divine, c'est Jésus, le *Logos de Vie* (Jn 1,4) fait chair (Jn 1,14). En cela, Jésus est le « Zôèlogue » du Père, autrement dit, son « Logos-de-Vie », qui nous a révélé Dieu-Père comme la Source et la Finalité de la Vie / vie. Si le corps selon l'Homme traditionnel est vie, corps vivant, « combien plus » le Corps du Christ dans le sacrifice eucharistique est Vie, Vie éternelle (Jn 6,54). Ce *combien plus* du Christ comme don suprême de lui-même aux hommes (Jn 15,13 ; 6,51) est bien caractéristique du christianisme, le distinguant nettement des religions traditionnelles. La Puissance de Jésus qui soumet *tout* (Ph 2,10), même les puissances maléfiques (1Co 15,25.27), est une Puissance d'Amour et de Vie et non pas de violence, de peur, de destruction et de mort. Sa croix est *non violence,* car Jésus refuse de répondre à la violence par la violence. Il la vainc par l'amour.

Le « combien plus » en Christ mort et ressuscité suppose, de la part du baptisé, des ruptures, des renoncements par rapport à des croyances et à des pratiques de la culture et de la religion traditionnelles incompatibles avec sa foi et sa vie de disciple de Jésus. Dès lors, le « combien plus » chrétien s'inscrit dans une conversion (*metanoia, wu-pyìrhú*) perpétuelle et comporte une dimension eschatologique, où la vie future est envisagée. Vivre dans l'au-delà, ce n'est pas simplement avoir part à la vie des Ancêtres (*nàmbala*), mais véritablement être avec Dieu et partager sa vie divine, qui ne sera pas une *répétition* de la vie terrestre, mais bien une vie *autre, nouvelle* celle-là. D'ailleurs, c'est de Dieu que dépend la vie des Ancêtres et de tous les défunts (*cílə*). Le séjour des Ancêtres et des autres défunts (*cúlú*) n'est plus un terme *ad quem*, un aboutissement final. Ce n'est qu'une étape à convertir, à transformer pour donner de participer à la vie même de Dieu, là où les femmes aussi peuvent être reconnues comme Ancêtres. Car, dans la tradition *lyɔ̌l*, l'homme seul peut devenir un Ancêtre (*nàmbal*), le mot « nànkẽ » (femme-ancêtre) n'existe pas dans la langue. L'Apôtre Paul le rappelle : « Il n'y a ni homme ni femme ; car tous vous ne faites qu'un dans le Christ Jésus » (Ga 3,28). Et L'Esprit atteste que « nous sommes enfants de Dieu [...] et donc héritiers ; héritiers de Dieu, et cohéritiers du Christ » (Rm 8,6-7).

Cette nouveauté qui consiste à être avec Dieu ou en Dieu peut être renforcée par une autre expression : *voir* Dieu. En effet, en *lyèlé*, la vie se dit « *nyǔ* » ; mais « *nyǔ* », (du verbe « *e nyǐ* », voir, regarder) signifie aussi vision. Pour l'Homme traditionnel, la vie en ce monde-ci consiste également à voir, à regarder, à observer, à percevoir, à contempler, puis à passer de ce qui est visible à ce qui est invisible. Et comme le mot « nyǔ » est ambivalent dans la langue (vie ou vision), il est possible d'énoncer un rapport entre ses deux significations : voir, c'est vivre, ne pas voir, c'est mourir. Lorsqu'une personne meurt, on lui ferme aussitôt les yeux pour que ceux-ci ne restent pas ouverts, signe qu'elle n'est plus de ce monde visible. Ainsi, la vision est vie. Dans la perspective du *combien plus*, il ne s'agit pas uniquement de « voir » les Ancêtres (Pères, Anciens), de vivre avec eux, mais surtout de « voir » Dieu lui-même, *facis ad facem*, plus précisément le Yi (Dieu) de Jésus-Christ, entouré des Ancêtres et des autres défunts rendus vivants à jamais, réunis en une « foule immense [...] de toute nation, race, peuple et langue » (Ap 7,9), autrement dit, entouré de saints et saintes. Et en voyant Dieu, en vivant avec lui, alors que l'on ne pouvait naguère le voir et vivre (cf. Ex 33,20), on obtient de lui la vie éternelle. La traduction de « vie éternelle » en *lyèlé* est « *nyŭ mə̀-t'â-la-zhɔ̆* » : littéralement, le fait de regarder, de voir, qui ne finira pas, ou le fait de vivre sans fin, en d'autres termes, une vision vivifiante éternellement, qui est don du Dieu Vivant et Véritable. Saint Irénée exprime clairement ce rapport intime vie-vision : « *Gloria enim Dei vivens homo*[210] » : « En effet, la gloire de Dieu, c'est l'Homme vivant », « *Vita autem homini visio Dei*[211] » : « Mais la gloire de l'Homme, c'est la vision de Dieu ».

Finalement, la nouveauté propre au christianisme, c'est *Jésus-Christ* lui-même : sa personne, sa vie, son message, ses actes et paroles, le sens de son Nom (Messie/Christ Sauveur), un Nom théophore (qui *porte* Dieu à l'Homme et qui *porte* l'Homme à Dieu), son Corps qui est singulier et unique (corps saint, théologal, anthropologal, théophanisé), son mystère pascal de passion-mort-résurrection, son attente eschatologique, etc., sont autant de lieux où peut s'élaborer une christologie *inculturée* de la nouveauté apportée par le Christ aux traditions religieuses et culturelles. Accueillir et vivre cette nouveauté christique requiert, faut-il insister, une conversion du cœur (*wu*, intériorité), des mœurs et de l'imaginaire culturel et religieux du tradi-chrétien pour lui donner de renoncer à un retour ou à un recours aux croyances et pratiques incompatibles avec la foi chrétienne. C'est au prix d'une telle rupture qu'il pourra passer d'un *biocentrisme* parfois syncrétique – où la vie comme

---

[210] IRÉNÉE de LYON (135(?) - 202), *Adv. Haer.*IV, 20,7, cité par GESCHÉ Adolphe, Article, *in* GESCHÉ A. et SCOLAS P. (sous la direction de), *Le corps, chemin de Dieu*, p. 61.

[211] IRÉNÉE de LYON (135(?) - 202), *Adv. Haer.*IV, 20,7, cité par GESCHÉ Adolphe, Article, *in* GESCHÉ A. et SCOLAS P. (sous la direction de), *Le corps, chemin de Dieu*, p. 61.

valeur suprême est à protéger contre les forces du mal par tous les moyens même contraires à l'esprit de l'Évangile –, à une vie *christocentrique,* où « vivre, c'est le Christ » (Ph 1,21).

De nos jours, la *fidélité* du chrétien au Christ n'est pas facile à vivre, aussi bien en milieu traditionnel que dans le contexte dit « moderne ». Les théologiens et les pasteurs, particulièrement africains, sont invités non seulement à approfondir la culture et l'anthropologie, traditionnelles et « modernes » *actuelles,* mais aussi à tendre l'oreille de la foi pour écouter attentivement ce que « l'Esprit[212] dit aux Églises » locales africaines (AP 2.7 ; 3,16). Science et ouverture à l'Esprit Saint leur permettront de répondre aux besoins actuels des individus et des communautés. En effet, pour l'Homme d'aujourd'hui, quelle théologie – ou christologie – inculturée et quelle pastorale appropriée ? Dans un monde sans cesse en mutation, qui connaît des crises multiformes, un pluralisme religieux et de nouveaux besoins plus en plus variés, comment vivre son baptême en demeurant fidèle à la foi chrétienne ? Comment annoncer Jésus-Christ et sa Bonne Nouvelle aux générations d'aujourd'hui en tenant compte de la culture dont elles vivent ? Un grand défi est alors lancé à l'inculturation.

---

[212] Il est l'Esprit de sagesse, d'intelligence, de conseil, de force, de connaissance (cf. Is 11,2).

Bibliographie

ADELINE Yves-Marie, *La pensée antique, Mythes, sagesses orientales et philosophie grecque,* Ellipses Édition Marketing S.A., 2008, (144 pages).

ALETTI Jean-Noël, *Saint Paul, Épître aux Philippiens, Introduction, traduction et commentaire,* J. GABALDA et Cie, Éditeurs, Paris, 2005, (359 pages).

BADO Nicolas, *L'Église Catholique en détresse au Nord Nuna* (*Histoire, mémoire, théologie*), Pro manuscripto, Réo, 11 Mars 2000, (136 pages).

BADO Nicolas, *Relecture chrétienne de l'éthiəue lyéla,* ICAO, Abidjan 08,1988, (225 pages).

BALTHAZAR Hans Urs Von, *La vie surgit de la mort, Méditation sur le Mystère pascal,* Socéval Éditions, 2005, (92 pages).

BASSONON André-Jules, *Approche de l'Alliance matrimoniale chez les Lyaelae, De la juxtaposition à l'intégration,* Mémoire, Koumi, Haute Volta, Mai 1982, (164 pages).

BAYILI Blaise, *Religion, pouvoir et droit au Burkina Faso, Les Lyə̀lǽ du Burkina Faso*, Éditions L'Harmattan, 1998, (480 pages).

BIANCHI Enzo, *Vivre, c'est le Christ, la Lettre aux Philippiens*, Collection « *Spiritualité contemporaine* », Médiaspaul Éditions, 2007, (152 pages).

CHAUVET Louis-Marie, *Les sacrements, Parole de Dieu au risque du corps*, Éditions de l'Atelier / Éditions Ouvrières, Paris, 1997, (220 pages).

CICERON, *La nature des dieux*, Collection « *La Roue à Livres* », Société d'édition Les Belles Lettres, 2ème édition, Paris, 2004, (249 pages).

COMMUNIO Tome XXXI, 5-6 n°187-188, Septembre-Décembre 2006, *La différence sexuelle*, (187 pages).

COMMISSION THÉOLOGIQUE INTERNATIONALE, *Le Christianisme et les Religions*, Préface par Joseph DORE, Paris, Éditions Centurion / Les Éditions du Cerf 1997, (103 pages).

DELTEIL Gérard et KELLER Paul, *L'Église disséminée, Itinérance et enracinement*, Paris, Les Éditions du Cerf, 1995, (329 pages).

DIARRA Pierre, « Eau, air, terre, feu… D'une anthropologie à une quête de justice », *in Mission de l'Église* n°157, Octobre-Novembre-Décembre 2007, (p.19-23).

DIARRA Pierre, « Expériences africaines », *in* Meslin Michel, Proust Alain, Tardan-Masquelier Ysé (sous la direction de), *La quête de guérison, Médecine et religions face à la souffrance*, Éditions Bayard, 2006, (p. 207-226).

DUMEIGE Gervais, *Textes doctrinaux du Magistère de l'Église sur La Foi Catholique, Traduction et présentation*, Éditions de L'Orante, Paris, 1975, (558 pages).

GESCHÉ Adolphe et SCOLAS Paul (sous la direction de), *Le corps, chemin de Dieu*, Les Éditions du Cerf, 2005, (219 pages).

JEAN-PAUL II, *L'Église vit de l'Eucharistie*, Lettre encyclique (*Ecclesia de Eucharistia*), Présentation par Mgr RICARD Jean-Pierre, Documents d'Église, Bayard Éditions, Fleurus – Mame et Les Éditions du Cerf, Paris 2003, (77 pages).

KASPER Walter, *Le Dieu des chrétiens*, Traduit de l'allemand par Kleiber Morand, Les Éditions du Cerf, Paris, 1996, (470 pages).

KASPER Walter, « Dei Verbum audiens et proclamans » - « Écouter la Parole de Dieu avec vénération et la proclamer avec assurance ». La Constitution sur la Révélation Divine « Dei Verbum », p. 9 (Article accessible le 13 Avril 2009, sur Internet, http://www.google.fr/search?hl = fr&q = Cardinal + KASPER%2C + Deus + Verbum + audiens&btnG =).

LACROIX Xavier, *Le corps de chair, Les dimensions éthique, esthétique et spirituelle de l'amour*, Collection « *Recherches morales* », Les Éditions du Cerf, 4ème édition, Paris, 2001, (380 pages).

La notion de personne en Afrique noire, Actes du Colloque International, organisé à Paris du 11 au 17 Octobre 1971, par Madame G. DIETERLEN, Directeur de Recherche au C.N.R.S., Éditions L'Harmattan, Paris, 1993, (596 pages).

LEBOUCHÉ Bertrand, LÉCU Anne, *Où es-tu quand j'ai mal ?*, Les Éditions du Cerf, Paris, 2007, (134 pages).

LE POINT, Hors-série, n°2, Mars-Avril 2009, *Platon, Génie ou plagiaire ? Ce que l'on sait vraiment, Son histoire, Sa pensée*, Avec BERTRAND J.-M., BRAGUE R., BRISSON L., MATTÉI J.-F., PRADEAU J.-F., (114 pages).

NDO Jules, *L'hospitalité chez les Lyéla à la lumière de l'Évangile. Pour une pastorale aujourd'hui*, Abidjan, Juin 1988, (138 pages).

ONFRAY Michel, *Théorie du corps amoureux, Pour une érotique solaire*, Éditions Grasset & Fasquelle, 2000, (254 pages).

PANNENBERG Wolfhart, *Esquisse d'une christologie*, Nouvelle édition, Traduit de l'Allemand par Liefooghe A., Les Éditions du Cerf, 1999, (532 pages).

PLATON, *Le Banquet*, Présentation et traduction par Luc BRISSON, 5e édition, corrigée et mise à jour, 2007, Éditions Flammarion, Paris, 1998, (273 pages).

POUCOUTA Paulin, *Et la vie s'est faite chair, Lectures du quatrième évangile*, Éditions L'Harmattan, 2005, (290 pages).

RATZINGER Joseph, *La communion de foi, Tome II, Discerner et agir*, Collection « *Communio* », Éditions Parfole et Silence, 2009, (248 pages).

RATZINGER Joseph, *Le ressuscité, Retraite au Vatican, en présence de S.S. Jean-Paul II*, Éditions Desclée de Brouwer, 1986 (181 pages).

RATZINGER Joseph, *Jésus de Nazareth, 1. Du baptême dans le Jourdain à la transfiguration*, Édition française sous la direction de Mgr DUTHEL François, Éditions Flammarion, Paris, 2007, (428 pages).

SAGNE Jean-Claude, *Les sacrements de la miséricorde, La réconciliation et l'onction des malades*, Médiaspaul Éditions, 2008, (173 pagnes).

SOMBEL SARR Benjamin, *Sorcellerie et univers religieux chrétien en Afrique*, Éditions L'Harmattan, Paris, 2008, (218 pages).

TABARD René, *Voie africaine de christologie des apparitions pascales*, Atelier National de Reproduction des Thèses, 2006, (542 pages).

TORTORA /DERRICKSON, *Principes d'anatomie et de physiologie*, Traduction de la 11ᵉ édition américaine, Adaptation française de Michel FOREST et Louise MARTIN, 4ᵉ édition, de Boeck,

Copyrigth Éditions du Renouveau pédagogique, Inc., 2007, (1246 pages).

Van NISPEN tot SEVENAER Christian, *Chrétiens et Musulmans, frères devant Dieu ?* Les Éditions de l'Atelier / Les Éditions Ouvrières, Paris 2004, 189 pages.

YANOOGO Dominique, *Le Nom et la Vie*, Extrait de mémoire, Saint Pierre-Claver de Koumi, Haute-Volta, 1981-1982, (74 pages).

Pour faciliter la lecture du *Lyèlé*

1. Alphabet

L'alphabet du *lyèlé* comprend trente deux (32) lettres, soit huit (8) voyelles et vingt quatre (24) consonnes.

Vingt (20) lettres se prononcent comme en français :
a b d e f g i k l m n o p r s t v w y z.

Douze (12) lettres se prononcent de façon spéciale :

Lettres	Se prononce en français comme dans	Exemples en *lyèlé*
ə	soit « e muet » : médecin soit « e fort » : œil	nə́ : nous yə́lə́ : dents
ɛ	tête (ê), mère (è), paix (ai)	pɛné : don, cadeau
j	dia !	jal : sang
c	qui, kiosque	cam : flèche
ly	lion	lyim : colère
ny	igname (gn)	nyí : bouche
ɔ	motte (o ouvert)	bɔrɔ : lion
rh	entre « S » et « Z »	surhə : intelligence
sh	chose, cheval (ch)	shíyə́ : dix
u	boue (ou)	wu : intérieur ; Burkina
ŋw	-	ŋwɔ̀nə́ : pouvoir ; nwèrhé : taie
zh	Jeu ; je joue	zho : vent

2. Tons et nasalisation

Il y a quatre (4) tons qui portent sur la voyelle ou sur le pronom personnel ; la nasalisation de la voyelle est signifiée par une marque au-dessus d'elle.

Tons	Exemples	Nasalisation (̃)
Bas (`)	lò : quelqu'un à : je ; ǹ : tu	swã̀ : carquois bɔ̃̀ : chèvre
Haut (´)	ló : verse (verser) ń : il, elle ; á : vous	sẽ́ : boisson tẽ́ : en bas
Moyen (sans marque)	lo : casse (casser) gɔ : herbe, brousse	byã : cou lũ : monde, univers
Bas-haut (ˇ)	lǒ : liane byǎ : enfants, fruits	nẽ̌ : eau cã̌ : dos

NB : Le ton modulé haut-bas (^) est un phénomène d'élision, puis de contraction. Exemple : bɔ̀ t'â jí yé = bɔ̀ tá bɔ̀ jí yé : ils ne mangent pas.

Table des matières

Préface 5

Introduction 11

Chapitre 1 L' Homme, un être de cavités ou d'ouvertures (bɔ̀là) 15
   1.1. Les chiffres trois (3) et quatre (4)... 15
   1.2. Le corps plein de cavités ou d'ouvertures (yala bɔ̀là)............. 17
   1.3. La profondeur anthropologique des bɔ̀là................................ 21

Chapitre 2 Le corps-unité, totalité de l'Homme................................ 27
   2.1. Difficulté d'être un corps-unité 27
   2.2. Des notions complexes.. 34
   2.3. Le corps de Jésus : corps de l'homme, corps de Dieu............. 38
      2.3.1. Un vrai corps humain 38
      2.3.2. Un corps singulier et unique... 41

Chapitre 3 Un corps de finitude et pécheur....................................... 47
   3.1. Un corps fragile et mortel (nánfò, bə-kùr-zhe)....................... 47
   3.2. Un corps imparfait, pécheur (nɔ̀bɔ́)... 52
   3.3. Un corps-remède (cə́m) 59
   3.4. Jésus guérit les corps 63
   3.5. L'onction des malades... 66
   3.6. Un corps recréé... 75

Chapitre 4 De la survie à la Vie 79
   4.1. Un corps religieux 79
      4.1.1. La dation du prénom (yil co)... 80
      4.1.2. Relation avec Dieu (Yi)... 87
      4.1.3. Jésus-Christ, Nom théophore 94
   4.2. La Vie s'est faite chair... 100

    4.2.1. Une table, deux pains de vie 100
    4.2.2. Un corps transfiguré 113
    4.2.3. Un corps ressuscité 115
  4.3. Un corps eschatologique 117
    4.3.1. Le pays des défunts (*cúlú*) 117
    4.3.2. Dieu est La Vie 121
    4.3.3. Vivre, c'est le Christ 126
  4.4. Vers une vie androgynique 133
    4.4.1. Écriture de la dualité dans le corps 133
    4.4.2. Vivre de façon androgynique 138
    4.4.3. Proposition de néologismes (*Onun, Enun, Yi-nun, Yi-nənuurí*) 144

Conclusion générale 149

Bibliographie 159

  Pour faciliter la lecture du *lyèlé* 167

L'Harmattan, Italia
Via Degli Artisti 15; 10124 Torino

L'Harmattan Hongrie
Könyvesbolt ; Kossuth L. u. 14-16
1053 Budapest

L'Harmattan Burkina Faso
Avenue Mohamar Kadhafi (Ouaga 2000) – à 200 m du pont échangeur
12 BP 226 OUAGADOUGOU
(00226) 50 37 54 36
harmattanburkina@yahoo.fr

Espace L'Harmattan Kinshasa
Faculté des Sciences sociales,
politiques et administratives
BP243, KIN XI
Université de Kinshasa

L'Harmattan Congo
67, av. E. P. Lumumba
Bât. – Congo Pharmacie (Bib. Nat.)
BP2874 Brazzaville
harmattan.congo@yahoo.fr

L'Harmattan Guinée
Almamya Rue KA 028, en face du restaurant Le Cèdre
OKB agency BP 3470 Conakry
(00224) 60 20 85 08
harmattanguinee@yahoo.fr

L'Harmattan Côte d'Ivoire
M. Etien N'dah Ahmon
Résidence Karl / cité des arts
Abidjan-Cocody 03 BP 1588 Abidjan 03
(00225) 05 77 87 31

L'Harmattan Mauritanie
Espace El Kettab du livre francophone
N° 472 avenue du Palais des Congrès
BP 316 Nouakchott
(00222) 63 25 980

L'Harmattan Cameroun
BP 11486
Face à la SNI, immeuble Don Bosco
Yaoundé
(00237) 99 76 61 66
harmattancam@yahoo.fr

L'Harmattan Sénégal
« Villa Rose », rue de Diourbel X G, Point E
BP 45034 Dakar FANN
(00221) 33 825 98 58 / 77 242 25 08
senharmattan@gmail.com

584800 - Novembre 2014
Achevé d'imprimer par